豪商列传

——白手起家的日本近现代财阀

[日] 宫本又次 著

沈娟 译

世界知识出版社

北京·2021

图书在版编目（CIP）数据

豪商列传：白手起家的日本近现代财阀 /（日）宫本又次著；沈娟译. —北京：世界知识出版社,2020.7
（沧海集 / 欧阳博主编）
ISBN 978-7-5012-6279-3

Ⅰ. ①豪… Ⅱ. ①宫… ②沈… Ⅲ. ①日本财团－研究－近现代 Ⅳ. ①F279.313.9

中国版本图书馆CIP数据核字（2020）第136915号

图字：01-2020-3911 号

书　　名	**豪商列传：白手起家的日本近现代财阀** Haoshang Liezhuan:Baishou Qijia de Riben Jinxiandai Caifa
作　　者	[日] 宫本又次
译　　者	沈　娟
责任编辑	余　岚
责任出版	赵　玥
责任校对	张　琨
选题策划	欧阳博
出版发行	世界知识出版社
地址邮编	北京市东城区干面胡同51号（100010）
网　　址	www.ishizhi.cn
电　　话	010-65265923　010-57735441
经　　销	新华书店
印　　刷	北京盛通印刷股份有限公司
开本印张	880mm × 1230mm　1/32　8印张
字　　数	158千字
版次印次	2021年8月第一版　2021年8月第一次印刷
标准书号	ISBN 978-7-5012-6279-3
原版书号	ISBN 978-4-06-159615-3
定　　价	60.00元

◇序　言◇

昭和三十六年（1961年）二月到五月，我曾经在《日本经济新闻》上刊登过题为《生财者列传》的连载。昭和三十七年末，日本经济新闻社以同名出版，当时意外收获了许多好评。为了让更多人读到这些故事，此次取其精华，省略若干内容，重新作为新书出版。

时至今日，经营史（business history）和企业家史（entre-preneurial history）重新得到重视。但我早在二战以前就以日本商业史、日本商人史的形态率先开始研究，更是出版了《近代商人意识研究》（昭和十六年）、《近代商业经营的研究》（昭和二十三年）等著作，于是今日甚有怀旧之感。另外，我还接连发表了《大阪商人太平记》（五卷）等概论类的文章，这些文章都显示了我的关心之所在。

反观日本经营学，随着输入经营管理学的研究逐渐深入，顺应日本风土的日本经营学研究变得尤为重要，此类研究又与日本经营史相连。以公司为单位而进行的公司发展史类研究热潮推进了经营史的研究。然而在日本，经营史的内容并非一个概念清晰的成熟体。关于经营史，有企业家史这样的近亲，有对会计与账簿进行研究的方法，也有从劳务管理的角度来研究的方法。

我曾经为了探究商店经营与其理念，一丝不苟地收集过“家训”“店则”进行研究。或是研究西鹤的町人物，分析《町人考见录》。我还带领大阪大学研究室的成员彻底研究过鸿池家的经营形态，研究结论早已收录在《大阪的研究》的第三、第四、第五卷里。此外，我在昭和四十五年时执笔《小野组的研究》四卷大册，此作着眼于社会经济史与经营史的结合，是我的苦心大成之作。如此这般，可以说我对经营史、企业家史的研究，终于以日式形态结出研究果实了吧。

本书定位成较为通俗易懂的读物，要说为此类研究作出贡献未免有些太自不量力了。但于我而言，编写本书的出发点也是想对这方面的研究发表一些拙见。虽言语通俗，但也是基于我自身实证主义的研究，只是为了便于理解而下了一番功夫，并非是不严谨的论断。

本书中的“大坂”主要用“大阪”来表示。从江户时代起，“大坂”与“大阪”并用，到明治变成了“大阪”。本书中谈及江户时代时，除非特殊情况，原则一律使用“大阪”。

宫本又次

昭和四十五年十一月

◇目　录◇

第1章

近代的豪商

◇ 新兴町人阶层势力崛起 ◇

江户时代（1603—1867 年）初期，町人[①]的代表是门阀特权商人，他们在关原之战时与德川一方结盟，供应军需品，为城市开发作出了贡献，并且作为江户的町年寄与大阪的总年寄也参与时政。江户的町年寄是家康在天正十八年（1590 年）设置的江户职务，町年寄自江户开府以来，由奈良屋、樽屋、喜多村三家世袭。职位在江户町奉行之下，江户町名主之上。大阪的总年寄是从大阪三乡[②]（南组、北组、天满组）的商会分别选出，为世袭制。与江户町年寄一样掌管全部町政。

然而，到了 17—18 世纪，在全国性工农生产急速发展的背景下，带着市井气息的新兴町人势力喷涌而出，门阀袖长商人[③]、御用商人终于被取代了。

宽文至元禄年间（1661—1703 年）是新兴町人阶层势力崛起的时期。新兴的问屋[④]与两替屋[⑤]在全国性领主商品经济的背景下产生，取代了依附于初期幕府和领主的特权商人。井原西鹤写道，“富贵者新旧交替，荣华长盛不衰，繁盛景象一年胜过一年”（《日本永代藏》卷六之五）。

◇ 豪商群像 ◇

元禄至享保年间，如此倾向更甚，真正属于平民的町人文化[6]产生了。问屋、掮客、零售商的商业体系逐步形成，基于总店、分店和宗家、分家的商家经营体制得到完善，商人们能够在商品于全国范围内的流通中获利。他们珍惜钱财，俭约，以节俭为重，积累财富，积累起来的资本又接连不断地投入到事业当中，逐步扩张资本、壮大家业。

三井越后屋发祥于伊势松阪，从酿酒屋、当铺发展成为吴服屋[7]，在江户开店并在京都设置采购点。之后发展成两替屋，在大阪设置店铺，自元禄年间起成为幕府的“金银御为替御用达”（金银兑换承办商），即幕府的御用金银钱铺。鸿池出自摄津伊丹鸿池村，酿造清酒送至江户贩卖。于是顺带在大阪开设了两替屋，开始收购各大名[8]的年贡米。大概在宽永时期（1624—1643年），开始以大米为担保进行大名借贷（富商用高额利率给大名借贷金银）。

住友也是在宽永初期从京都进军大阪，作为“南蛮[9]吹”（自外国传入的使用铅来精炼银的技术）的宗家开始经营铜吹屋[10]，涉足铜贸易与铜矿山经营。之后在长崎、江户开设了门店，元和一年（1615年）获得备中吉冈铜矿山经营权，元禄四年（1691年）获得伊予别子铜矿山的经营权。还参与了正德、享保年货币改铸，提供铜、银的精析技术。

与此同时，来自近江大沟的小野善助家进军南部，经营酿酒厂、当铺，宝永年间（1704—1710年）加入幕府御用兑换金银十人组[11]，于江户也开设门店，成为经营十组、下行油、下行估衣[12]和皮棉的问屋。岛田八郎左卫门家是山城缀喜郡内里村的出身，元禄十五年在江户尾张町开设吴服、生丝店，享保年间在大阪开设新店，宝历二年（1752年）加入御用兑换金银十人组。此外，近江蒲生郡日野出身的中井源左卫门从制药业转而行商，延享二年（1745年）在下野越堀开店，随即在全国各地设立店铺，将大阪地区附近的棉、麻、估衣倒卖到江户地区，从奥州买进日本生丝、米、青叶苎麻并在仙台设立分店。

第一代下村彦右卫门正启于享保二年（1717年）在伏见的京町八丁目开设吴服屋，这就是大丸的前身。享保十一年起其扩张至大阪心斋桥、名古屋、京都、江户，文化十四年（1817年）在京都、文政九年（1826年）在大阪又分别开设了两替店。虽说共计十三家店铺之中，十家都是在明和年（1764—1772年）之前的四十年内开设的，但其初期发展的迅猛之势还是可窥见一斑。宽文年间（1661—1672年），以京都为据点的近江商人利用在京畿地区赚得的资本，从小杂货店商发展成为吴服商、棉花商。白木屋就是这样的近江商人之一。他到江户寻求发展，并于元禄十年左右发展成大型吴服屋，之后一直到天明时期（1781—

1789 年）都生意兴隆。

柏原家在元禄至宝永年间（1688—1710 年）主要经营杂货，享保以后开始销售棉花。柏屋（柏原孙右卫门）江户本町店的资产净额一直到文化年间几乎都是呈直线增长。近江商人西川甚五郎家于元禄元年在江户日本桥开店，靠着销售近江席、备后席等榻榻米席，以及蚊帐、高宫岛、平织布类而稳步发展。高宫岛是近江的高宫出产的平纹麻布，平纹麻布是用苘麻的茎皮纤维织成的粗麻布。

延宝二年（1674 年），松阪商人长谷川家在江户大传马町开店成为棉花掮客，到 18 世纪初期的元禄末年为止，纯利润率都保持在百分之十以上，最高时达到了百分之十六。但在 18 世纪前半期，大概都在百分之五到百分之十之间大幅度变动。

江户的三谷三九郎，是明历（1655—1657 年）年间以前就活跃在江户的豪商。其作为棉花商起家，后来成为与大阪鸿池齐名的大名借贷商，天明年间成为勘定所[13]的御用商人。仙波太郎兵卫在享保年间从牛车运输业转行到两替商，约从宝历年起积极经营大名借贷业务。此外，松泽孙八、鹿岛清兵卫、丰岛屋、中井新右卫门、竹原文右卫门等均为 18 世纪江户的豪商。与此同时，在大阪，鸿池以外还涌现了天王寺屋五兵卫、上田三郎左卫门、加岛屋（广冈）、久右卫门、米屋（殿村）平右卫门等豪商。还有升屋平右卫门经营的两替屋与大名借贷业务也享有盛名。

18 世纪前半期，各地豪商辈出。泉州佐野的食野治郎左卫门也是其中一员。食野称作和泉屋，近代初期经营回船[14]运输，购买囤积土地，随后在大阪开设门店，从大阪向日本海沿岸运送棉花、棉制品，返航时运回谷物粮食，获取巨额利润。元禄年间，他的大名借贷生意做得很大，有赶超鸿池的势头。宝历十一年幕府向御用商人征收临时税金时，与鸿池、三井、加岛屋一样，食野也受命交五万两税。其坐拥多少资本可见一斑。

◇ 长者与分限者 ◇

西鹤曾根据资本大小定义过这些大商人，银千贯[15]（不到金一万七千两）以上为长者，银五百贯（不到金八千五百两）以上为分限者。然而，分限者与长者并没有清楚的界限，西鹤在别处也说过“分限者拥有银千余贯”。

据《日本永代藏》记载，经营木材批发的箸屋甚兵卫以银六千贯（金十万两）的资产居大商人之首。据传大和的川端九助，以种棉制绵起家，一代积累下资本一千七百贯。三井高房在享保十三年编著的《町人考见录》里描绘了享保时期豪商的实际状况，资本大小以两替屋、贸易从业者、高利贷商人、当铺、吴服商的顺序来排序。首位是两替屋的两替屋善六，庆安至万治时期（1648—1660 年）被称为二三十万两的分限（银一万二千至一万八千贯）。三井高利的长兄，经营吴服屋与大名借贷的三井三郎左卫门（钉拔三井）有五六千贯，百足屋久左卫门有四五千贯。此外据《神田家文书》记载，奈良屋茂左卫门（神田安休、四代目奈良茂）有房产、现金、存款，共计金十三万二千五百三十两。

据说，三井高利在元禄七年的遗产共计银四千八百七十五贯，此为高利的个人财产，不包括已分给子孙的资产，因此推测三井家族所拥有的资产远多于这个数目。三井将资产作为一族的共有财产来运营共同的事业，以一定的比率分配利润，给家族里的每个人提供生活经费。宝永七年的总资产额为银八千八百五十贯余（金十五万二千六百两余），正德四年（1714 年）增长到了银一万九千三百一十贯余（金二十四万一千三百八十两余）。

鸿池善右卫门家在宽文十年的资产为银二百〇四贯余，之后在延宝二年达到将近四百七十六贯，元禄七年则接近银七千八百七十二贯，超过了三井高利的遗产。接着，宝永七年增加到银二万七千一百四十四贯。1714 年约达到银三万三千九百二十贯，形成了庞大的放贷资本。

大丸下村家，从年平均资本额来看其资本增长过程，延享一年至宽延三年为银二千一百七十七贯，享和一年至文化七年为一万七千四百二十六贯。

◇ 安全经营的志向 ◇

商家积累起的资本用于扩张店铺、投入经营资金、增设店员、增设各地支点、优待管理者、赞助分店。也用于向大名、武士、批发商或诸国各村发放贷款，大名借贷的利率虽然不高，但加上年贡米等其他收入，利润空间很大。

然而到了享保时，藩财政恶化，导致大名借贷无法回收贷款的风险增大，金融业者开始减少借贷额，或是用名义贷款[16]的方法以期降低风险。

他们彰显出“大阪豪商一发怒，天下诸侯皆发怵”（《经济录》）的威势。大阪的大商人担当藏屋敷的名代、藏元、挂屋、御馆入[17]，经营官方库藏品出纳等金融业务，表面上是发行预付支票形式的米票，背地里做着大名借贷的交易。大约从 18 世纪起，豪商们已然形成了规避风险、保守行事的风格。

番头、手代、丁稚[18]负责业务分配，进行有组织的运营。绝大部分江户时代的商家家业与企业的界限都不明晰，运转资金和家族资产的划分不明确已是常态。然而，大规模的商家在某种程度上还是进行了分离管理。外店与内院（家族）分离，由内院向外店出资，当家人也开始靠“酌量收入（分配到的俸禄）”生活。

不久，豪商们购入土地、房屋租借给他人以收取房租、店租，开始过安逸的生活。他们将作为素封之家（大财主）、仕舞屋（歇业的商家）悠然度过一生当作理想。享保期开始有了这样的趋势，企业家对盈利的追求逐渐减弱。还出现了毅然投资土地，承包新耕地，将土地租给佃农收取地租的地主。他们开始有信仰，为神社寺庙捐赠香火，热衷茶道与服饰。在四十五岁之前积累资本，之后以游乐人生为梦想。拥有了资本这座靠山，商人们过上了安心生活并拥有了恰到好处的乐趣，再慢慢考虑安稳的晚年生活。对于一生将节俭铭记于心的商人们，这一点奢侈也是能够被原谅的吧。

〔参考书目〕

宫本又次：《大阪町人论》

幸田成友：《江户与大阪》

江头恒治：《近江商人》

菅野和太郎：《日本会社企业出现史的研究》

野村兼太郎：《江户》

本庄荣治郎：《京都》

远藤正男：《日本近世商业资本发达史论》

中田易直：《商人的经济生活》（《日本生活风俗史》第三章“江户风俗——町人的生活”）

安冈重明：《财阀形成史的研究》

宫本又次：《小野组的研究》第四卷、《关西与关东》《上方与坂东》

〔注　释〕

① 町人：市井商人阶层，也包括手工业者。中世晚期，地方豪族和武士首领依地势修建城堡，城堡四周形成以“町”为单位的街区，居住生活在町内的居民主要是为城堡内的武士们服务的工商业者，“町人”即起源于此。江户时代中后期，町人已成为一个以工、商、贸为业，拥有雄厚财力的阶层。——译者注

② 大阪三乡：江户时代大阪城下三个町组（南组、北组、天满组）的总称，江户时代的大阪町由这三个地区构成。

③ 袖长商人：大阪商人中比起赢得商业利益，更欲获取政治机会的称作袖长商人。

④ 问屋：江户时期的批发商、分销商。

⑤ 两替屋：钱铺。江户时代收取手续费进行货币兑换的商人，也经营存款、发行账票等业务。

⑥ 町人文化：町人是江户幕府的士农工商的身份制度下最低的两级，但其经济实力甚至已超过武士阶层，这与他们的平民地位显然不相称。于是，出现了一批为町人争取社会地位的思想家、文学家，其在文艺作品中表现出对武士阶层的轻视，产生了广泛的影响，形成了一种町人文化。——译者注

⑦ 吴服屋：出售和服衣料的绸布店。

⑧ 大名：日本室町幕府、安土桃山时代、江户幕府时期，占据一国（藩国）或数国的封建武装领主，相当于中国春秋时代的诸侯。——译者注

⑨ 南蛮：日本语境中的“南蛮”，其实是中世纪至近代以前的日本对东南亚地区的指称，并引申用以称呼在印度至东南亚的港口与岛屿建立殖民地和贸易据点并试图向东北亚扩展交易范围的葡萄牙、西班牙等国。由此数国传来的物品、文化等亦被冠以“南蛮”之名。进入明治时代后，此词一般仅出现在与历史相关的场合或是艺术创作中。——译者注

⑩ 吹屋：从事金属冶炼的业者或商铺。铜吹屋是将铜矿山开采的粗铜进行精炼的地方。

⑪ 幕府御用兑换金银十人组：即金银御为替十人组，江户时代负责将幕府在大阪的公款兑换并运送到江户的十家御用商人。金银御为替还叫作金银御为替御用达。

⑫ 江户时代，由大阪运送到江户的商品称为“下行”。元禄七年成立了处理这些“下行”货物的同业联合公会“十组问屋”。十组指的是十大类商品，大致为漆器类、丝绸皮棉类、粗麻类、药材类、金属类、棉类、草席类、灯油类、蜡烛类、酒类。

⑬ 勘定所：日本江户幕府的官厅。负责税收、管理幕府财政和直辖领地

的诉讼等。

⑭　回船：江户时代在特定航线沿海往返的大型货船。

⑮　贯：江户时代的货币有金币、银币、钱币三种，贯为银币和钱币的单位，一贯为一千文目，约 3.75 千克。

⑯　名义贷款：江户时代金融制度的一种，有背景或是与幕府密切相关的寺院，冠以修缮费用等名目将资金借贷给武士、町人、农民等。

⑰　大名从领地征收来的贡米以及特产品均保管在称作“藏屋敷”的官方仓库中。仓库内货物称作“藏物”。仓库一般用有权势的商人作为名义人，称“名代”。将藏物卖到市场上的武士（商人）称作“藏元”。管理收来钱财的称作“挂屋”。可频繁出入仓库的官员等称作“御馆入”。

⑱　商家雇员的职位，从上到下依次是番头、手代、丁稚。

第2章

岛井宗室

◇ 博多枭雄 ◇

岛井宗室是近世初期博多的商业巨头之一。名为茂胜，俗称得太夫，剃度出家后号端翁宗室，也称虚白轩、瑞云庵。他为岛井茂久之子，在天文八年（1539 年）出生，比秀吉晚出生三年，与秀吉生活在同一时代。他在大阪破城后不久的元和元年（1615 年）八月二十四日七十七岁时结束了波澜壮阔的一生。

据《岛井家由绪书》和《石城志》载，岛井家是左大臣藤原房前的后人修理亮茂教之后，但与诸多大名的系谱一样，真实性有几分已不得而知。《岛井家年录》中传，岛井家世代居住在博多，祖先为公卿出身，被安芸宰相（毛利辉元）问“出身如何”时，宗室答“总议论先祖的事情会让他们难堪”。这样看，他可能出身较为低微。有趣的是，当时同样是以低微的出身爬到高位而发迹的毛利辉元，对此心领神会，马上觉得所问失礼而向宗室道歉。

但恐怕宗室并不认为身为町人有什么难堪。他堂堂正正不伪造身世，并非是因为先祖出身高贵，而是先祖并非高贵的出身更证明了他白手起家的实力，不需要忌惮任何人说三道四。

岛井家早先以从事金融业并经营酿酒厂而广为人知。宗室作为岛井家的一家之主开始当家，推测是大内氏没落后大友宗麟掌管博多的时候。对外来文化颇为敏感的宗麟和传播舶来文化的豪商宗室之间，沟通起来也较为容易吧。

宗室除了为大友家提供巨额的军费外，春夏秋冬各季还会赠送绒毯、高丽茶碗盛器等。当大友宗麟有想入手的茶器时他也会从中斡旋，可见他们的关系非同一般。他曾亲自到过丰后国府面见宗麟，甚至还从宗麟那里得到了“领国之中，各个角落，尤其津内，皆承认诸侯之位”的通行许可证。

宗室不仅成为大友氏的御用商人，同时还经营金融与舶来品的中介业务，广泛结交九州各大豪族，不久就拥有了巨大权势。永禄十一年（1567 年），九州豪族的筑紫广门向宗室（宗叱）递交了神文誓书，以日本中学各路神祇之名，起誓不能违背契约。正是因为町人宗室此时权势正盛，足以让豪族们小心谨慎却又要千方百计掩盖这个事实。

宗室就这样成为放贷的资本家，靠掌控财权来控制九州各豪族与大小贸易从业者，还动用巨资从事风险贸易行业，大胆投机，获利不断，集聚了许多财富。

《岛井家年录》的永禄十一年篇记载，他于二月登上一艘名为永寿丸的船，渡海至朝鲜，抵达釜山，在各地采购各类货物。六月又用永寿丸将货物运回大阪。“此番生意利润颇多”。这样的记录随处可见，可知他从一岐、对马渡海到朝鲜，将货物装载到大阪确有其事。他经由堺和郡山的商人，将货物卖给当时京阪地方的新兴武士阶层。

宗室靠这样的策略用永寿丸等船只将货物运到堺的茜屋太良右卫门，或是郡山的和泉屋庆助处，并且为了生意买卖曾屡次探访京阪地区并与许多豪商结交。例如，堺的大财阀天王寺屋一族的道叱曾与大友家关系密切，通过大友家，宗室也与之交好，并因道叱之名而取了宗叱的名字，着实值得玩味。

此外，他还与道叱一族，与拥有堺商人中代表性地位的津田宗及交好。津田宗及可是曾在永禄十二年左右，因一时不和而与信长反目，并且反抗过信长的大人物。最终信长妥协，津田作为堺的财阀代表、茶之宗匠，受到信长非比寻常的礼遇。宗室可能也通过宗及接近过霸主信长。而且信长为了收服这位博多财阀的代表性人物，也予宗室以厚待。

◇ 宗室的气概 ◇

据传，本能寺之变时，宗室正巧被信长召见而去了本能寺。明智光秀袭击信长时他没有张皇失措，反而端然坐于一隅坚持到最后一刻。最终信长自刎，火烧至堂内，宗室看到壁龛上挂着弘法大师亲笔书写的千字文，想到大势终去，这些烧了可惜，他便取下一幅卷起来拿在手里，悠然混入僧侣之中逃走。实在是无惧无畏的大人物。

还流传着一个有关天下闻名的楢木茶罐的逸闻，也展现出宗室与这世上一心盈利的普通商人不同的一面。

宗室家曾有个名为楢柴的肩冲茶器，此事广为人知。附近的大名们为了得到这个茶器用尽各种手段，宗室都不为所动。筑前的秋月种实等甚至威胁说，要是宗室不听从命令让出茶器就要诉诸武力。岛井一族听闻后十分担忧，族内商议许久后对宗室动之以情，晓之以理，劝告说命令不可违背，还是服从为好，“把茶器交于他吧”。宗室终于定了心意，下决心要把楢柴茶器让给种实。到了交出茶器的那一日，宗室请来种实的使者款待一番，痛快地交出了茶器。使者一出门，他即刻拆毁了自家的茶室。仅以此一事便可推想宗室之气概。

◇ 率百万兵马的大将之气 ◇

信长一死，宗室便转而接近秀吉。通过利休搭线后两人交往渐密。天正十五年（1587 年）六月，秀吉征讨岛津归来途中在莒崎宫内驻扎，他视察博多町时，宗室与神屋宗湛一起进献各种贡品，招待秀吉。于是按照惯例，秀吉赐予他一座间口三十间①、深三十间的宅邸，并免除町务诸税。甚至还在天正十五年六月十九日的早晨，招待宗室与宗湛一同到莒崎的驻地，亲自为他们斟茶。

据说在秀吉茶会上，博多财阀的两巨头——宗室与宗湛在三叠[②]宽的狭窄茶室里，与秀吉边聆听松籁之音边促膝恳谈。秀吉先问宗室："你是愿做武士还是商人？"宗室答："当然是愿做商人。"秀吉接着又问："那么有何愿望？"宗室从敞开的拉门越过松林眺望远处，海之中道[③]的景色映入眼帘，他指着那里说："愿得到目之所及的那片内海。"据说就算是生性豪放的秀吉听到宗室这般没有来由的宏愿都大为惊讶，出了身冷汗，进而说："如若你做了武士肯定会是个麻烦。"宗室毫不在意地果断回绝："我可不喜欢当武士。"秀吉大笑说："实现愿望的时机未到，等着吧，总之现在是万万不可的。"

真是精彩的心理对决，可谓剑不出鞘的比试。后来，毛利辉元赞叹"宗室可真是有可率百万兵马的大将之气"，这么看来并非过誉。

就是因为宗室早已有超越大名的实力，对马的宗义智才递给过他"此生不得有妨碍之举"的神文誓词。详细内容已不得而知，可以推断的是，义智曾委托宗室为贸易船只御所丸的出行做准备，宗室前往大阪城面见秀吉获得出行恩准。对马的宗义智为了商业贸易希望能尽量避免与朝鲜发生纷争，从朝鲜贸易中谋得巨大利益的宗室当然也不能眼睁睁放弃这笔生意。秀吉虽应允，但回答的话颇具深意：“让博多的家伙，先做下生意吧。”话外即是说，在向朝鲜出兵之前，先寻求以和平的贸易交流方式打开朝鲜国门。为了避免战争，宗室真是做了各种努力。

◇ 出兵朝鲜 ◇

据传，天正十八年，宗室奉秀吉之命渡海密探朝鲜国情。但这恐怕是指他肩负怀柔使命，备好贸易商船渡海到朝鲜，然后施展他的经济外交手腕，同时也打探朝鲜国情。可以说是他前些年在大阪进行的所谓“商谈”的延续。

然而，枉费了宗义智和宗室的努力，日朝谈判以决裂告终。天正十九年六月，受秀吉之邀来到大阪的宗室，详尽说明了朝鲜八道的地理形势。《博多记》中记载，此时的宗室是受石田三成之意来劝谏阻止秀吉向朝鲜出兵的，这种说法有待考证。

天正十九年九月，秀吉终于下令向朝鲜出兵。军队行进到肥前国名护屋之地时，宗室与宗湛代表博多谒见秀吉，并领到了职位在军队后方支援。

宗室作为一介商人不仅与信长、秀吉、家康等霸者建立关系，还与大友宗麟、同义统、毛利辉元、小早川隆景、同秀秋、石田三成、小西行长、大谷吉隆、黑田孝高等诸侯交好。后来，朝鲜战争持续多年，其间秀吉逝去，转而变成德川的天下。关原之战后，庆长六年（1601 年），黑田长政受封筑前。不久福冈开始筑城，宗室与宗湛一同进献钱财支援筑城。黑田长政为了厚谢此举，欲授宗室俸禄三百石的领土，宗室以没有为幕府效力却受此厚待甚是惶恐为由拒绝了。但请求将其中五十石捐赠给他在博多崇福寺内建立的瑞云庵，长政痛快地应允了。

崇福寺是由从江户过来的大德寺江月和尚复兴起的寺庙，他是堺有名的富商津田宗及之子。可能是因为这层关系，宗室每次进京都要到大德寺参禅，跟随师傅修行禅道，不然就是跟随利休和古田织部去修行茶道。

◇ 遗训十七条 ◇

宗室身处多有政变的复杂微妙的战国时期（1467—1600/1615 年），行事却没有落下一点把柄。他这样善于钻营，也被人在背后议论成没有节操。然而，从头至尾坚持一个原则不变通并非是战国时期的生存之道。在不断急剧变化的情势下，以这样备受争议的行事风格而得以善终，何尝不是件了不起的事。

宗室于庆长十五年正月十五日，留给其养子德左卫门信吉遗训十七条，以嘱咐后事。他自己隐退虚白院，过上了悠闲自在的日子。前文中也提及，他在元和元年八月二十四日过世，享年七十七岁。遗骨依照本人遗愿埋葬在崇福寺的塔头瑞云庵。他膝下无亲生子，养嗣子的德左卫门信吉，据说后来娶了高木市三郎之女，即末次宗传的孙女，生下权平正则。

豪放阔达、大胆无畏、富有人情味的品性，不仅仅是宗室，还是神屋宗湛、堺的津田宗及，以及纳屋助左卫门，这些当时博多杰出的商人们所共有的，也是近代初期具有冒险精神的企业家们所有的共通特质。

宗室留给养嗣子的遗言状中，担忧年轻人的前途，字里行间都流露出这位七十二岁老人的牵挂，他自己曾言这份遗言状不会逊色于圣德太子的十七条宪法，可知是万般思虑后写下的。

开头便是“此生中为人处世必要先分清善恶，考虑得失”，此第一条为贞心律义，言不可不恭敬。

第二条有关信仰，在五十岁之前“祈愿来世无用”。即现世主义地生活在当下，警戒不要因为考虑来世彼岸之事而疏忽了现在的商人本业。

第三条是禁止“双六”等一切形式的赌博。五十岁之前要克制玩乐之事。参拜寺庙不能有玩世不恭的态度，这样佛祖也不会听你的祈愿，还不如不参拜。总之，这一条表达了无论何时，最好都要有商人现实的、脚踏实地的生活态度。

第四条教导要与身份相宜，戒与身份不符的奢侈行为。“四十岁之前，无论什么事都不可奢侈铺张”，“但生意买卖要专注做到不逊色于他人”，且“有超过自己界限的野心与财产反而坏事”（第四条）。“五十岁之前，要过朴素的生活，品茶等华丽享乐又引人注目的游艺、繁华显目的衣装、佩刀都是不可的”（第四条）。用很多篇章苦口婆心劝诫切勿奢侈铺张。第三条中还有“在松原游玩，捕鱼、观月、赏花这样的游山玩水更是无用”，视勤勉与朴素俭约为至高的品德。但若有精彩的舞蹈与能剧，七日的戏去看两日也是可以的。

第五条写的是请客招待，“四十岁之前，招待别人来酒席，或是毫无理由就被人款待是断然不可的”。

第六条是关于所拥有的家财什物，写明不能想要占有别人的东西，不能从他人处无缘无故得到东西，也不可将自己的东西随便予人。

第七条是“一生中应结交之士”，写明此生都应该交好的宗室视为模范的町人有“喜欢生意买卖之人，重视家庭之人，低调不浮夸之人，诚实耿直之人，品德高洁之人”，可见宗室将与其豪放大胆的性格完全相反的特质作为理想品质。

◇ 节俭与处世训 ◇

处世训的第八、九、十、十一条中，宗室详述节俭，近乎吝啬。

第八条为“一生中，不可去没有目的之地”，早晚自己去点燃和熄灭灶火，不可浪费柴火。垃圾废物也要收集起来，绳头、碎垃圾混合做成防止墙开裂的材料，长的做成绳子，还剩一半的碎纸头，不，还剩三分之一的就要收集起来，再生利用。都是此类的内容。难以想象，大胆无畏在大名间备受重视的宗室有这么细致节俭的一面。第九条告诫说木柴要自己出门与商贩讨价还价后再购买。第十条叙述了酿酒、抵押、用人之事，要谨记男仆女仆都有可能偷盗，不可无论何事全都交给用人去做。买米时要自己称量，别人称量时切忌放松。

第十一条写了关于米饭、味噌、食盐的心得：一个人一年吃的早晚饭为一石八斗，如果吃蒸米和大麦只需一石三斗四升。米价高的时候可以吃菜粥。味噌渣，瓜果茄子的皮和蒂都要细心收集起来。在桃山时代（1568/1573—1603 年），从众豪杰之中脱颖而出，在海外贸易中赚得盆丰钵满的宗室，另一面居然是如此节俭，着实让人感慨。

第十二、十三条是有关生意秘诀的教诲：就算是友人、亲人，没有抵押也绝不能有金钱上的往来。这点体现了他略为冷漠的高利贷者精神。有本钱的时候，应该顾虑到维持家庭生计。生意不能马虎，要“专注于生意营生”。“生意”与“家庭”就好比车的两轮等。

◇ 生意经 ◇

第十四条写了关于节约时间。清晨早起，夜幕降临时马上就寝，没有重要的工作时没必要深夜不睡浪费灯油，无所事事时更不要在夜晚四处走动，或去他人住处长居。就算被别人嘲笑卑鄙胆怯，也要装出听不到的样子，不用理睬。与武士阶层维持体面的意识相反，宗室表现出了卑躬屈膝的谨小慎微。

第十五条写了旅行的心得，事必躬亲，可以徒步时便不要骑马。第十六条提到不宜牵扯进他人的争吵纠纷之中。

宗室列举称赞了正直、勤勉、节约的品德，与这样朴素的一面相对，他热心生意，也有豪放不羁的另一面。在第四条中他还主张如下观点：

“羡慕他人在明与南蛮的贸易中获利，就投入巨额准备好一级品，装上船前往明与南蛮，实为不妥。五百文，一贯钱的投资也要交于宗怡让宗怡决定。第二贯钱以后，要分散到两处三处投资，不能投于一处。”

此处值得一提的是，宗室对于与中国和南蛮进行的贸易，并非企图一次性获取巨大利润，而是告诫子孙不可一次就投入巨资购置一船货物。在与作为辅佐者的宗怡仔细商量后，为了降低风险，才可将资本分批投入到两三艘船中。

宗室的十七条遗训内容细致周到，像他这样的富商会有如此之言更是让人惊异。字里行间可见其不屈不挠的精神，力量强大，动人心魄。这已不仅仅是“生财之道”，更是与禅道、茶道都能相通的生意经。

◇ 切忌求胜 ◇

谨慎与细心，积极与消极，阳与阴相互交织，形成了宗室遗训的基调。青年时期的宗室，有着在家康、黑田如水、细川三斎身上也可见的艰苦的一面。对时势敏感，有顺势而为的柔韧性，也保留了一定程度的商人的狡黠，可能还有些自在奔放的野性。然而到了庆长时期（1596—1615 年），在封建秩序解体重建的浪潮中，他的性格由奋进到保守，由大胆转向谨慎。

宗室遗训可以看作此阶段他心路历程变化的映照。宗室晚年时的岛井家，已不再冒险亲自准备贸易商船，而是逐渐转变成出资方，向贸易商人投资。待他们的商船归来时进行分红，取百分之三十五，或是百分之五十的利息。这种投资方式也叫作抛银（投银），在当时的博多、长崎、堺盛行。

此方法除了涉及当事人甲（贸易商人）、乙（投资者）之外，还有第三者朱印船④的船主丙。船主丙在远洋航运之前，从投资者乙处借入资金，同时从贸易商人甲处也获得一部分资金。丙带着共同资金出航到达目的地以后采购各类货物，接着装载可以赚得利润的货物安全返航，归还甲与乙本金与利息。如若船在海上遇难无法顺利返航时，丙没有义务归还甲与乙本金和利息。这种事前的约定在当时称为“因海上诸事吾等皆可免责”。

当时的朱印船乘着一二月的东北季风向亚洲东南部、菲律宾、东印度群岛航行，然后五六月左右再利用西南季风归来，往返一次需要整整半年的时间。因此，抛银的借贷期限为一次航行即半年，借贷额为银六贯或五贯，一般利率为十分之三或二分之一，有时也会高达十分之八甚至十分之九。

利率如此之高，是因为这相当于海上风险的保险金。船遇难时，船主与投资者双方皆有损失。又或者船在目的地拖延时间以至于错过了出航的时机，只能再等一年待到下一季，称为“靠港休海”，也会造成损失。抛银为有做生意的愿望但苦于没有资金的贸易商人提供了便利，也让投资者可以坐享其成，获得高利息。

博多岛井家藏有旧字据三十三份，葡文字据两份，其中抛银的字据有九份。岛井家通过抛银的生意积累到了巨大财富。此外，他们不买“行情好的投机商品”，遇到行情走低便囤着商品不卖，积小成大，脚踏实地地做生意。

宗室一直教诲，不去冒没有把握的险。遗训中也将打好“双六”的秘诀“不必求胜，应求不败”作为理想的处世态度。

岛井宗室教导在日常生活中应彻底节俭，推崇行事前周密细心地谋划商量，与江户中期的町人三井高利、高平、高房等相似，都视买卖盈利为正当。这与近世初期只追求利益权利的特权商人、冒险商人、富豪财主很不同。却更接近于大阪町人的天性，比起“得”更趋于回避“失”。町人道的先驱，可在宗室身上窥得一二。

〔参考书目〕

川岛元次郎：《德川初期的海外贸易家》

江岛茂逸：《博多三杰传商人龟鉴》

柴谦太郎：《何为投银，海上借贷还是 Commenda 投资》（《经济史研究》第四十五号至第四十七号）

宫本又次：《博多与福冈》（《九州经济史论集》第二卷、第三卷）

岩生成一：《朱印船贸易史研究》

田中健夫：《中世海外交涉史的研究》《岛井宗室》

芳贺幸四郎：《近世文化的形成与传统》《岛井氏年录》

司法省编《日本海外发展史》

田中健夫:《所谓岛井宗室日记》(《历史地理》第八十七卷一、卷二合并号)

〔注　释〕

① 间：日本尺贯法的长度单位，1 间为 6 尺，约 1.818 米。

② 叠：面积单位，1 叠约为 1.6562 平方米。

③ 海之中道: 位于福冈县福冈市东区,连接志贺岛和九州本岛的连岛沙洲。

④ 朱印船：朱印船指的是 16 世纪末到 17 世纪初，得到当时日本的领导者发行的朱印状（海外渡航许可证）能够进行海外贸易的船只。

第3章

神屋寿贞与宗湛

◇ 大内氏与博多港 ◇

室町时代（1336—1573 年）初期，博多港原本是大友氏与少二氏的领地，大内义弘平定筑前，攻下了博多港。由于大内氏的根据地山口并不临海，所以他迫切需要个面海的港口。攻下博多港之后，大内氏由防府（三田尻）经由博多港，积极开展与明朝的贸易交流。并且当时在博多，还有很多像宗金一样与朝鲜交好的商人。

室町时代末期，明朝开始禁海（锁国），日、明间正常的贸易交流停止了。贸易中断导致商人们争先恐后奔赴东南亚地区发展。与平野、堺、大湊的商人一样，博多商人也开始涉足东南亚地区的贸易。他们或是直接去往东南亚，不通过作为中介的琉球船只，或是与南洋船（西班牙、葡萄牙的商船）做交易。博多商人逐渐富甲一方，甚至有了被称作年行司的十二人代表，自治市政。

在大内义兴之父政宏的时代，博多商人中有一位被称为永富的人。此人原是宫崎八幡宫的神官，后来立志成为商人，居住于博多市内。他也与那时众多的博多商人一样往返于琉球，将琉球作为中转地，从事着将东南亚购入的货物卖到朝鲜的中介贸易。

这个永富有二子，兄叫主计，弟名寿贞。主计先继承了家业，不久传于弟弟寿贞，这个人便是后来的神屋寿贞。

◇ 石见的银峰山 ◇

博多领主的大内义兴于享禄元年（1528 年）五十二岁时过世。在他晚年，大永年间（1521—1528 年）石见银峰山的发掘让他如虎添翼，财富日渐增多。

大内氏的先祖是从朝鲜归化而来的冶金人，带着蒙古语中被称作脚踩式风箱的送风器来到此处。因此他的家系与单纯的土豪豪族有所不同，从一开始便与矿山开发以及工商业有着深远渊源。大内家世代也由此对矿山有着非比寻常的热情。据说早在镰仓时代（1185—1333 年）末期，大内弘幸就从北条贞时手中夺取了石见银峰山。到了室町时代初期，银峰山被足利直冬抢走，之后就一直属于山名氏清。应仁之乱后，大内义兴的父亲弘政又夺回了银峰山。但此后银峰山废矿，义兴时期已经荒废不再是宝山了。

然而大永六年，大内义兴五十岁之际，博多商人神屋寿贞再次开发这座矿山，开采出了大量的银。这时才知晓，以前所谓的废矿，仅仅是因为采矿方法不成熟导致矿山表层的矿被开采尽了而已。

事情原委是这样的，神屋寿贞为了购入出云鹭之浦（现在的簸川郡）的铜，从博多出发乘船经过了石见的海岸。他在船上眺望银峰山，就是后来的大森银山时，看到矿脉，推断山中还有丰富矿藏。《银山旧记》这本书中记载，寿贞平日信仰观音，所以受到了上天启示。实际上寿贞或多或少有些关于山势地质的知识，大概他看见了夕阳下山腾升而起的白色云气，从而判断出了有银矿存在。

于是神屋寿贞马上上岸实地考察银峰山，接着再乘船去往出云的鹭之浦，拜见了在田仪（现在的多伎町）居住的铜矿山矿主三岛清右卫门，与其商议，并制订了银峰山的开采计划。之后，他带上吉田与三右卫门、小田藤左卫门、于红孙右卫门三位矿夫头目再次来到了石见，登上银峰山，马上开始挖掘坑道。这是大永六年三月二十三日之事，仿照挖掘铜矿山的方法，穿孔挖坑，铺设巷道，分选银矿。坑是指为了挖掘矿石凿出的坑道，巷道是矿夫工作的地方，分选银矿指的是将挖出的银与矿石的混合物进行分离。

如此这番，之前曾被看作是废矿的银峰山转眼间开采出了大量的银。两年后的享禄元年，大内义兴将银峰山交给南面相距一里地的矢庵城主管理。诸国商人渐渐聚集而来，集散地石见国马路村的鞆之浦边没过多久就成了繁华之地。但当时，好像并没有在银矿山进行银的精炼，银以银矿石的形式被运送到了博多。

在义兴死后不久，享禄四年二月，小笠原长澄攻陷了矢庵城，夺取了银峰山，发展甚好的矿山事业受到了重挫。

◇ 出口商品的银 ◇

两年后的天文二年(1533年)，义兴之子义隆收复了矢庵城，银矿山再次回到了寿贞手中。那时，寿贞认为本国的冶金技术还很不成熟，金、银、铜不经过精炼就直接卖给中国人，着实可惜。据说，他还曾向在博多暂住的中国人学习过采矿冶金的技术。

天文二年，寿贞与博多禅僧庆寿（也写作桂寿）相伴再次来到石见银峰山，在庆寿的帮助下，他首次提炼出了高纯度的银。进行这次精炼的工人是炼银师小田藤左卫门和吉田与三右卫门，前者被赐予采女丞，后者被赐予大藏丞的官职。作为挖掘这座银山的许可费，寿贞每年都向大内氏上供银千百枚①，仅此就可以看出其获利巨大。而且天文八年供银增加了五百枚，由此推断银的产量连年递增。神屋寿贞当时甚至被称为九州第一富豪，他的“生财之道”便是拜银峰山所赐。

自永富以来，原本是贸易商人的寿贞为何会如此沉迷于银矿山的经营？说起来这正是因为银作为贸易品有着重要的地位。寿贞曾对铜的采购下过一番心思，因为铜是当时不可或缺的出口商品。与之相对，银是当时重要的进口商品，因为当时日本国内的银产量还很少。随着银峰山的开采，带动起各地开始开采银矿山。天文十一年，但马生野银山被开采，甲斐、能登、加贺、骏河、伊豆、奥羽均发现银山，佐渡也被开采。就这样，天文年后，我国由银的进口国变为银的出口国。

基于上述理由，贸易家寿贞才涉足了矿业领域。他作为商人对利润的追逐，却意想不到地为社会经济发展作出了贡献。寿贞卓群的见识、不屈的意志与谋略都值得赞赏。

◇ 银币流通的先驱 ◇

据说寿贞铸造了叫作“交让木银”或是“博多银”的丁银[②]。《石城志》记载，这种丁银形似交让木，表面刻有“博多御公用，禄二，中山与左卫门”的字样。重为二十九文目[③]，厚为一分[④]。“禄二”是享禄二年的省略，那时是大永六年，石见银峰山首次被开采后的第四年。这种丁银可以切割使用，分量没有统一的标准，每次使用时都需要称量。《三货图汇》中记载，在弘安年间，白银曾在大内氏领土内流通，后中止过一段时间，因寿贞再次开采银山才又恢复了白银铸造。

自古，我国的陆奥诸国就为金的产地，对马为银的代表产地。石见的银峰山开采之后，在生野也发现了银矿山，西部地域的藩国开始产银，银也在西边得以流通。寿贞的“交让木银”开创了银币流通的先河，为货币经济的发展作出了极大贡献。寿贞卒年不详，据说是在永禄年间（1557—1570 年）过世的。

同为博多商人，前文提到的岛井宗室，在遗训十七条中写道，“寿贞生前，都是与我一同在圣福寺的门前买烧火的木柴”，“据说寿贞一生都是食用菜粥”等，以此来教导子孙，可见寿贞一生也颇为勤俭节约。

◇ 从博多到唐津 ◇

寿贞的曾孙中出了一位名为神屋宗湛的人。寿贞有二子，长子为宗伯，次子为宗浙，宗浙之子为绍策，天文二十二年，绍策之子宗湛在博多出生。幼时宗湛由寿贞抚养，据说备受疼爱。那个时候，大内义隆被陶晴贤所杀，神屋家因此失去了石见银峰山，博多也变成兵火之地，与国外的贸易无法顺利开展。

博多陷入了毛利氏与大友氏权利纷争的旋涡之中。终于，永禄十二年五月十三日，在激战引发的火灾中，神屋家不幸被烧毁了。当时十七岁的宗湛，只能与年幼的弟弟道寿一同随祖父与父亲去肥前松浦郡的唐津避难。

他们在唐津的神屋家具体做何营生已不得而知，推测应该从事了南蛮贸易。元龟元年（1570 年）宗湛十八岁时，长崎开港，因而成为葡萄牙贸易的中心地，萨摩的坊津则成为从琉球——东南亚入国的关卡。博多豪商末次兴善、岛井宗室、松永宗也，早已与朝鲜、中国或西欧人通商。这么好的时机，世代都是贸易商人的神屋家怎么可能袖手旁观，这期间的事就算文献上没有特别的记载，也可猜得八九不离十。

根据《宗湛日记》，宗湛是在天正十四年（1586 年）十月二十八日出发去唐津的，经长途跋涉来到大阪。天正十五年一月三日，秀吉于大阪城设茶会招待各诸侯时，宗湛通过富田左近的引荐也出席了。他给秀吉献上“虎皮两张，豹皮一张，上好的白麻布两反⑤，沉香一斤”。这些都不是日本的物产，侧面证明了宗湛确实是在从事海外贸易。此外，作为九州一介普通的町人，能有机会拜见秀吉，可见他当时已经是九州颇有地位的代表性豪商了。

秀吉特意接见宗湛，大概是为了展开必将到来的岛津征战而寻求博多商人的支持，他在西征之前询问宗湛的意见。宗湛因为社交需要，早已出家，专心修行茶道。

当时的武将寻求海外知识之风盛行，并都很渴望入手舶来品。贸易商人们满足他们的需求以求在社会上立足。宗湛巧妙利用了这样的风气与需求，得到秀吉的信任，在秀吉的庇护下得以施展拳脚以谋求更好的发展。

◇ 筑紫的茶坊主 ◇

秀吉开始岛津征战时，宗湛与博多豪商的岛井宗室二人协力，担任粮草供给与运送的重任，其利润颇为可观。宗湛有时来到秀吉的阵营与秀吉闲谈，秀吉亲切地称他为“筑紫的坊主”，总让他待在身边。

天正十五年六月，秀吉在征讨岛津的归途中，顺路去了博多，并驻兵于此一段时间。在莒崎八幡宫的神社前安置本营，并在风光绝美的千代松原扎下数个兵营。宗湛与岛井宗室一起代表博多町民，向秀吉请愿复兴因连年征战而荒废了的博多，其中重新规划博多一事得到秀吉的应允。秀吉将博多的土地划分为乐市、乐座，免除港口的地租诸税，设定博多为德政的特例地区。秀吉之所以如此优待博多的町镇，正是因为他将此处作为向海外扩张的根据地予以重视。

此时宗湛持杖奔走东西，奋战在复兴事业的第一线。博多奈良町丰国神社的宝库直到第二次世界大战前都收藏着宗湛的遗物——手杖，据说宗湛在博多复兴中曾使用过。

秀吉驻兵在莒崎时，宗湛时常利用茶会之机拜见秀吉。天正十五年十月，秀吉举办北野的大茶会时，宗湛不远千里进京。能够列席此次茶会，树立了他作为第一流茶道人的威信，宗湛回到博多时，即刻开设了“宗湛茶屋”。那个时代有代表性地位的武将络绎不绝地造访茶屋，朝鲜征战时秀吉也曾来访。

朝鲜征战时，宗湛负责粮草运输之职，公务繁忙无须多言。秀吉的本营虽然设在肥前名护屋，但博多仍是重要的兵站基地，外派军队的粮草都由博多提供。他作为一名在幕后参加军事谋划的绅商，御用商人，借茶道风雅频繁与军事上的大人物交往。

迎来秀吉的第二年，文禄二年（1593 年）正月，宗湛又被招待去德川家康的茶会，对他来说形势一片大好。因为在后来庆长五年（1600 年）的关原之战后，天下大权将被家康收于囊中，在此之前就通过茶道与家康交往并结下紧密联系是再好不过了。此外，投靠德川家康一方凭战功被授予筑前领地的黑田长政之父，与宗湛也是从天正十五年就交好的知己。就算秀吉不幸离世，宗湛的地位想必也不会有丝毫的动摇。

◇ 博多的盛衰 ◇

庆长五年，筑前国的名岛城主小早川秀秋转封至备前的美作，领地位于丰前中津的黑田长政于同年十二月一日入驻筑前。然而，长政早已认清名岛面积狭小，不是一处适合在和平时代守护领国的地方。于是第二年，他便选址在博多的西邻福崎开始建城。七年之后建成了鹤舞城（福冈城），疏浚草香江的海湾形成护城河，并让名岛的商人移居到福冈，与东部的名岛城相对，使此地成为西部的名岛町。因长政的曾祖父高政从备前的福冈发家这段因缘，此地便命名“福冈”。建造福冈城时，宗湛与博多的长老一同苦心处理建城事宜。长政为了感谢这份功劳欲赐予他五百石田地，但被宗湛婉拒了。

宗湛在“宗湛茶屋”里举办茶会招待如水、长政父子。他的茶屋一直完好保存到昭和二十年，虽在空袭中被烧毁，但茶屋中利休所做的花器“吹毛”与秀吉的画像到现在都还保留着。

作为朝鲜之战军需基地的博多也是生产兵器之地，其生铁一度依靠从中国进口。我国的刀剑都是精炼铁矿砂制作而成，由于铁矿砂产量很少，铁器制造业发展缓慢。博多商人很早就开始进口大量生铁，制作成刀剑后出口，博多也因此成为南蛮铁的发源地。然而到了近世初期，博多作为贸易港口，其地位不及平户、长崎、坊津，外国船只也不再停靠博多，博多港日渐衰微。

正因为如此，秀吉在创立朱印船制度时，博多商人并没有参加。宗湛如果愿意的话应该可以轻易就得到两三艘朱印船的出航许可，但他没有申请。另一方面大概是因为宗湛的全部精力都放在了军需品生意上，也或许是他已经在矿山开发中找到了适合自己发展的道路。在筑前、筑后、丰后的古矿山中，被称作是宗湛间步（坑道）的坑道随处可见，也印证了这一点。

此外，宗湛还涉足其他诸多领域，他的事业历代传承，很多保留至今，称宗湛为博多产业的鼻祖都不为过。

博多虽说是对明朝贸易的出口地、日本刀的产地，但左文字铭刀等筑前代表性刀的产出，还是要多亏工人们从大陆带来了高超的技术。另外，博多织布与陶器、制药、金银工艺一样很早就发展起来。据说是在镰仓中期，一位叫作满田弥三右卫门的人与弁元一同到宋朝，在宋研究广东织物并带回到日本，于博多开创了织布业，成为博多织物的起源。室町时代中期，其子孙彦三郎渡海到明朝研究进一步织法，回到日本后与竹若藤兵卫发明了琥珀织。由此，博多织布大放异彩。

此外，筑紫梳与酒均为当时乡土间有名的产物。那时的寺院是酒的主要酿造地。博多之外，直方、太宰府等地也酿酒。还有芦屋的铸件称作芦屋釜，菊釜、桐釜都是日本首屈一指的名物。博多与其说是贸易港,更像是一个渐渐向产业都市转化的城市。

◇ 蜡的垄断 ◇

不过，将博多的产业、产物等所有一切都与宗湛关联，无论什么都为宗湛所开创，这样的传说多少让人起疑。

例如，博多织是宗湛学习了中国缎子织的技法，然后将其带到博多，再如博多挂面是由宗湛引进，都有失真实。前文已叙述博多织是由竹若家带到博多的。说宗湛学习信浓川中岛的苎麻网的制作方法，在博多开创了苎麻网的事业也值得商榷。

但据说宗湛首次栽培了作为蜡烛原料的木蜡树，或者至少他从此领域中获取了巨额利润这个说法确有事实依据。木蜡树红叶现在也是九州名物，此并非日本本土所产，而是从中国南部或琉球传来的植物。宗湛从江南之地进口许多木蜡树的果实，播种在肥前的田野中，奠定了日本制蜡技艺的根基。

此前，日本是没有蜡烛的，蜡烛是作为源自中国或是南洋的舶来品传到日本的。天正时期，堺的商人纳屋助左卫门渡海到吕宋岛，文禄三年回到日本时献给秀吉的贡品中有“唐伞，蜡烛千支，生麝香两个”，这时蜡烛才传到日本，极为宝贵。宗湛能够以蜡烛原料的木蜡树作为切入点，可谓拥有商人独到的眼光，紧接着他通过贩卖木蜡又展现了其卓越的商业才能。

宗湛手握蜡的专卖权，将大部分蜡运往大阪。他对于每一块征收二十文的杂税，作为利用其专卖权的费用，同时每年交十贯目银给领主黑田家。领主开始并不了解木蜡果实的价值，仅仅以十贯目的银子就让出专卖权，实际上宗湛依靠这种垄断买卖获得了巨额的利润。

另外，宗湛还想出了货汇汇票的收税方式。就是在博多开设汇票所，发行与贸易汇票等额的银票并在筑前的藩内流通，贸易汇票送往大阪由买主支付兑换成了市面流通的现金，现金送回在博多开设的银会所，汇票所发行的银票在此兑换成现金。当然这些都是江岛茂逸的《商人龟鉴博多三杰传》中所写的内容，但此书粗略草率，不足为信。长野诚的《福冈藩民政略志稿》以及其他文献中都否定了这个说法。

然而，元文至延享时期（1736—1748 年），确实有大量的蜡由福冈藩运送到大阪，之后福冈藩兴起的银会所发行的各种纸币都与木蜡相关，也许就是沿袭宗湛最早发行的银币而发展起来的，但这些现在都已不得而知了。

◇ 博多商人的衰退 ◇

世人在奈良屋町的旧宗湛宅遗迹中发现了丰国神社，这是因为宗湛在秀吉死后仍偷偷祭拜他。博多人将这个神社尊称为“太阁殿下”，敬重仰慕。明治十九年，秀吉被当作博多复兴的恩人，博多人又重振秀吉的神社，并改建了神殿。

可细想一番，文禄元年秀吉开始推行朱印船制度时，只在堺、京都与长崎商人之间发放朱印状，并没有给过博多商人这样的恩惠。朝鲜征战的失败导致日本与朝鲜断交，这给靠着朝鲜贸易营生的博多商人以沉重打击。战后，与朝鲜贸易彻底断绝。秀吉还设置奉行的官职，对神屋家所有的石见银山征收杂税。石见银山在关原之战后成为德川幕府的直辖领地，庆长六年由大久保长安任奉行一职。就这样，石见银山渐渐脱离了神屋家的掌控。朝鲜征战时，博多商人为幕府效力，作为在兵站基地的“死亡商人”繁盛过一段时间，最终却只是为秀吉所用，在京都地方的商人势力兴起时，博多商人的势力渐渐衰退。

锁国令后，五处拥有生丝进口权的地方将生丝分配贩卖给各商人时，博多商人也分得一些，但只有三轩的大贺家和伊藤家，早已不见了经营抛银的岛井家的踪影。可见那之后博多的代表性商人已是大贺家。大贺家听从黑田家的命令由中津移居而来，是代代服从于黑田家的町人。作为大贺家的代表，出现了大贺格、大贺弁、大贺次等各门第诸家。而连接秀吉与家康时代的旧商人岛井、神屋的势力则渐渐衰退了。

〔参考书目〕

川岛元次郎：《德川初期的海外贸易家》

司法省编《日本海外发展史》

相田二郎：《中世的商人与海贼》（《日本商人史》）

宫本又次：《博多与福冈》（《九州经济史论集》第二卷、第三卷）

田中健夫：《中世海外交涉史的研究》

芳贺幸四郎：《近代文化的形成与传统》

秋山谦藏：《中世后半期朝鲜金银贸易的研究》

物上敬：《日本商人传》（上卷、下卷）

石川准吉：《生野银山与生野代官》

〔注　释〕

① 枚：银一枚为 43 文目。1 文目约为 3.75 克。

② 丁银：江户时期使用的一种银锭，同豆板银共同作为称量货币使用。其形状细长椭圆而不规整，重量也不固定，使用前需先称重以决定其价值。——译者注

③ 文目：日本尺贯法的重量单位。1 文目为 1 贯的千分之一，约 3.75 克。

④ 分：日本尺贯法长度单位。1 分为 1 尺的十分之一，约 3 毫米。

⑤ 反：日本布匹长度单位，长约 2 丈 7 尺。

第4章

末吉勘兵卫与孙左卫门

◇ 自治都市平野 ◇

中世末期以来，河内国的平野庄作为商业集聚地开始兴起，成为能与堺和西宫比肩的商业都市，甚至可以看到町人自治的迹象。中世末期，也就是室町时代（1336—1573 年）末期，出现了都市自治的新气象，最有代表性的就是堺了。

堺的兴盛是由堺王子社开始的。在中世，曾盛行熊野信仰，参拜者以京都的若王寺为起点，去到纪州的熊野参拜。途中有九十九座熊野王子神社，参拜者一路参拜王子神社，最后到达熊野。渡边王子社、安倍王子社、堺王子社就是其中几个王子神社。

堺还横跨摄津国的住吉郡和和泉国的大鸟郡。住吉郡被称作堺北庄，大鸟郡被称作堺南庄。北庄是住吉社的领地，之后划为幕府的直辖领地，南庄在室町初期曾为相国寺的塔头崇寿院领土，后来也成为幕府的领土。堺南庄曾有过一段时期，实行地租由农民共同承包的制度，庄内有实力的农民成为掌事或是村吏，掌握庄内实权，代替地方官直接承包庄务。

不久，南庄归幕府管辖之后，这种承包制度消失了，却留下了一些影响。村庄的自治开始发展，出现了称为“会合众”[①]的三十六人组织，或称纳屋众，领头的十人还可以处理民事诉讼。

别处也出现了类似的制度，在大凑，形成了回船众和问屋众等与会合众一类的自治团体。在博多，十二人的年行司主持市政。在桑名，也出现了十乐津这样同一类型的团体。

距离大阪往南二里（现在的大阪市中心）的平野，原来是平等院的领土，庄民中掌控权势的人执行庄务。城市自治的兴盛维持了一段时期，不久后衰退了，归根结底是海外贸易的资本集聚而引发的现象。

平野乡町的主导势力是作为海外贸易家而闻名的末吉家族。淀川下流的丰饶地域很早就被开发，天王寺、西宫也在早期就成了商业集聚地，平野乡在这样的背景下得到发展。这片土地本来是在世桓武天皇时，为征夷大将军坂上田村麿之子广野麿，以及其臣下子孙的坂上一族所开发。之后成为杭全庄，被藤原氏掌控。永承年中，藤原赖通将此地捐赠给平等院。一直到天文时期（1532—1555 年），此地都属于平等院的领地。这期间，平野庄一直拥有守护使不入[②]的特权，由庄民中选出的有能力者协议庄务，向寺院缴纳年租。

◇ 末吉家 ◇

庄民中的有能力者取坂上氏的子孙广野麿的广野二字作为地

名，之后变为平野，宗家称作平野殿下。坂上氏的分支中有一族为七苗家（七名家），末吉家就为七苗家的一个支系。坂上氏第八代景则的弟弟则光，与末吉二人分别掌管位于庄中心的平野泥堂和野堂，辅佐宗家治理，同时也参与家族祭祀。

末吉这个称呼是由广野麿九世之孙平野隼人正利吉而来的，这个人分家后叫作野堂末吉，因其家宅在野堂，庄中人也将他称为野堂大人。此人的第十四代后人为藤左卫门尉增利，他利用先祖的姓氏，将野堂改成末吉。泥堂、野堂之外建成了各种町镇，以末吉为首的则光、土桥、成安、利则、辻葩、西胁等七个家族作为町里的总年寄来管理町政，主持杭全神社的祭祀。末吉家经藤左卫门尉增利，其子藤左卫门行增的世代更迭，终于在藤左卫门行增之子勘兵卫利方一代积累了资本产业。

筒井顺庆在其领地大和，河内地方内，给予利方以特殊的商业优待，他在领土内推行德政时也特别将此地封为“永代除置”，长期免去各种租税。这个时代的平野乡人流行经商，根据天正十一年（1583 年）耶稣会士的通知文书可知，这时的平野乡已成富人的居住地。

◇ 四个举措 ◇

末吉家积累资本成为豪族，大致凭借了以下四个举措：

一是承包租税。末吉家自古就是平野庄的年寄，征收租税交纳给宇治的平等院，自然积累了一定的财富。平野乡后来为松永弹正久秀所有，之后归为信长的直辖地，再之后由小出秀政掌管，一直以来都是末吉家受命管理征米之事。

这个时期，末吉家正值藤右卫门行增过世，由长子藤左卫门增久继承家业，次子勘兵卫利方也在泥堂另设门户称为西家。此两家都是庄里征收年贡的年寄。三子长成称平野氏。天正十四年八月，丰臣秀吉赏识勘兵卫利方能力出众，封他为河内丹比郡西忍村的代官③。文禄三年（1594 年）又封给他丹比郡六百四十七石，安保丸八百八石余的幕府直辖领。由此都可以推断，末吉家作为征收租税代行人的角色，收入是很可观的。

二是商业活动。末吉家利用征收租税而获得的资本在大和、河内、摄津从事商业活动，并于天正十一年三月，成为位于堺南北庄园内的马座。所谓马座，就是拥有买卖马匹并使用马匹搬运货物权利的垄断组织。

三是运输业。东末吉家的平次郎在天正十六年获得了秀吉下发的朱印状，以此为契机开始涉足沿海的货运业。同年，他从出羽的最上义光那里得到了可以在出羽诸国往返自由的许可担保。因此末吉家活跃在日本海方面，似乎颇为引人注目。西末吉家的勘兵卫利方也于天正十六年，得到了秀吉赐予的营业租税免除的朱印状。同年，上杉景胜允许末吉家在上杉领土内越后方面诸海峡的往返船只中，免六艘船的船税。彼时三河冈崎城主的家康也授予了他朱印状，许他在其领地内的海湾出入自由。

天正十八年家康占领关八州的领地时，这张朱印状的生效范围得以扩大，末吉家的沿海航行船只由此变得可以自由出入关东各地港口。彼时，在大凑有家称作角屋的海运从业者，在家康许可下管辖东海道方面的海运业务。末吉家与角屋比肩，海运事业蒸蒸日上。

既然得到了这么多商业运输的特权，可以推断，另一方面末吉家也为众多领主提供了丰厚贷款。

四是矿山开采以及货币铸造。末吉东、西两家在日本海方面进行商业活动，得到了上文所述沿岸各地大名提供的各种庇护，终于开始涉足矿山开采事业。越前的北袋银山原本为一位姓三宅的商人以银三十枚的价格承包，文禄年间，末吉家之一的十兵卫与三宅竞争，用一年七十枚的价格夺得了银山的开采权，七十枚银中有二十枚作为租税上交给领主。

这个北袋银山在越前足羽郡东乡的附近，从天正十二年到文禄三年，都归信长家臣、羽柴东乡侍从的长谷川秀一所有。也就是从这个时候开始，末吉家开始发展采矿业。另外，说起西末吉家，末吉勘兵卫利方于庆长六年（1601 年）成为建在伏见的银座[④]掌事，利方的外甥九郎左卫门重次也与伯父一起经管银币铸造的事务。末吉家从银币制造业获得了大量利润。

◇ 银座掌事 ◇

东末吉家由于在关原之战、大阪之战中始终支持秀吉一方，后来受到家康的迫害逃往金刚山，一时家运衰退。西末吉家支持家康一方，于庆长四年服从家康，并继承了东末吉家所开拓的市场与累积的资本，成为德川家的特权门阀商人，在德川的庇护下生意繁荣，发展兴盛。家康关原之战得胜归来时，末吉家于大津站迎接，家康由此封其为大津代官。那时，平野庄在大阪附近，盗贼多发，骚动不安，末吉家还得到了禁止平野庄及其附近野蛮暴行的御赐朱印状。

西末吉家的勘兵卫利方于庆长六年五月应召来到伏见，得到家康之言“若有请求之事皆可应允”。利方便进言，诸国通用的白银，没有统一的定价，给交易带来了诸多不便。家康于是命其与后藤庄右卫门一同到银座任职，其子左卫门平野藤次郎与另八人共计十人成为银座的掌事。从此，西末吉家管理银座，与江户的后藤庄三郎光次掌管的金座形成东西相对之势。

此后，家康在庆长三年十二月于伏见开设银币铸造所，请来南镣座的汤浅作兵卫常是来铸造银币。常是后来改姓大黑，由此，银币上有了大黑像刻印。

当时的银币是经过灰吹法[5]提炼出的白银被直接切成适当的分量来使用，交易中有诸多不便。家康采纳上述勘兵卫利方的建议，在伏见设立银币铸造所，设掌事之位十人，利方为其中之一。他们重新制定银的成色比例，铸造丁银、豆板银[6]，常是任管理银币铸造的头领一职。

在除去诸费用之后，货币铸造的利润仍旧能达到铸币总产量百分之五以上，不难想象末吉家当时何其富有，家业何其繁盛。后来末吉家世代都在银座任职，还出仕到京都银币铸造所和江户银币铸造所。

◇ 御朱印船贸易 ◇

在室町时代，中国内地、关西以西地域沿海的居民会乘着小舟，经朝鲜半岛进入中国大陆南方的沿岸地区。特别是在春冬季节，他们利用东北风向东南亚航行，去往东京、安南、交趾、吕宋、柬埔寨、暹罗，甚至经由马来到达了爪哇、加里曼丹岛。

应仁之乱后，大名们为了使领国富强，大多开始发展贸易。秀吉虽然禁止了天主教，但深知贸易的好处，他或向明朝进贡，或派遣使者与高山国、吕宋等地建立外交，进贡，并且赐予长崎、京都、堺的商人朱印状，试图让他们与安南、交趾、占城、占城以西的柬埔寨、安南北部的东京、暹罗、马来半岛的西岸、吕宋通商。

这类朱印状被称作“异国渡海之朱印状”，是海外航行的许可证，因为印有大判的红色官印，即朱印，而得此名。据说，第一艘御朱印船是秀吉在文禄元年为东南亚渡航船只发行了朱印状而产生的。

家康认可了秀吉特许过的御朱印船，允许其继续商业活动。此外，朱印船制度也能使海贼船与商船有所区别。被授予朱印状的除了岛津、五岛、松浦、有马、锅岛、加藤、龟井、长冈、本多、大村等大名以外，还有吕宋助左卫门、荒木宗太郎、角仓了以、茶屋四郎次郎、末次平藏、神屋宗湛，以及其他京都、堺、长崎、江户的商人，末吉家也在其中。

根据《异国渡海之朱印账》，末吉家在庆长九年、庆长十年、庆长十一年、庆长十二年连续四年都向吕宋出船，于庆长十三年向暹罗方面出船，又于庆长十四年、庆长十五年、庆长十六年向吕宋方面出船。之后，虽然在御朱印账上没有记载，但可推断，末吉家一直在进行海外贸易活动，最早应该是在勘兵卫利方的时代出船。利方在庆长十二年三月五日，以八十二岁的高龄过世，之后孙左卫门吉康（吉安）继承家业，其在十三年七月二十五日出船到暹罗。

末吉家在庆长九年至十六年连年出船到吕宋，只在其间的庆长十三年唯一一次没有出船，推测那一年末吉家委托田边屋又卫门代行了。这次庆长十三年的暹罗航海是田边屋、末吉两家合作进行的一次试验性航海。孙左卫门吉康也写成吉安，并没有统一的写法，他的通称还有孙四郎、孙左卫门，母亲是平野氏之女。永禄六年（1562 年）五月的安南国王书记载，有名为末吉的船来到安南国进行贸易活动，由此可推测末吉船的航行也到过安南地区。然而，这恐怕是吉康晚年时候的事了。末吉船活跃的时期是从勘兵卫晚年跨越至孙左卫门的时代。但家康授予的朱印状上全记载为孙左卫门之名，因此可以推测，海外贸易主要是孙左卫门在推进。而且勘兵卫过世时，孙左卫门吉康正值三十八岁的盛年。

当时，得到朱印状的大阪方面的船主，除末吉家之外还有皮屋助右卫门、药屋甚右卫门、木屋孙三右卫门、桧皮屋孙右卫门、豆叶屋四郎卫门。这些船主的朱印船将我国的货物带到海外，货物一般有铜、铁、刀剑、铜器、漆器、泥金画、伞、扇子、屏风、樟脑、硫黄等。在海外交易之后，带回来的货物主要有生丝、绸缎、丝绸、砂糖、药材、沉香、丁香、热带硬木、鹿皮、珊瑚、陶瓷器、苏木（用于制作船赤染等的红色染料）。

◇ 末吉船 ◇

末吉家的船称作末吉船，角仓了以的船称角仓船，末次平藏的称为末次船。末吉船的构造特征为船底深，外部全刷上油石灰，上方涂成红土色。也有的船是在木纹上刷油，船舵钉上几处大的肘形铁，承重的轴也很大。

船帆皆为布帆。大的船可达二十间长，装载货物二百万斤；中等大小的船长十七八间，装载货物一百五六十万斤；小的船长十五六间，装载货物一百二三十万斤。二百万斤的分量换算成四斗俵⑦的米，大约有两万俵，换算成石，大约有八千石。

末吉船的绘图至今都还作为国宝收藏在京都清水寺。由末吉家于宽永年间（1624—1644 年）捐赠，是幅宽六尺四寸、长七尺八寸的巨大绘图。

从末吉船的绘图上可以了解到宽永年间的人情风俗。有弹奏三味线的人、与船长会面的人、玩着“双六”与纸牌的人、敲着太鼓的人、用长烟管吸烟的人、使用扇子的人等。虽然仅是艘载重百吨上下的小船，却可见人们轻松自在航海的情景，可以体会到当时日本人富有冒险精神以及享受航海之乐的心情。

当时的朱印船很多参考了葡萄牙的航海技术，并利用了其机械器具，航海图等也是使用了葡萄牙航海者的海图。也就是说，当时的人们直接使用了拉丁语或是葡萄牙语的资料，这些资料有的还被注上了日本假名。孙左卫门使用的海图现在还保留在平野的末吉家中，因日本地形相当复杂，这幅海图将葡萄牙制作的海图进行了一些修正，据说孙左卫门航海时总是把它带在身边。

◇ 近代纺织业的基础 ◇

德川时代（1603—1867 年），末吉家是河内国志纪、河内二郡的代官，收入相当可观。他们家在京都的室町周边拥有御赐的宅地，在大阪的末吉孙左卫门町也有房产。现在的末吉桥（虽然已被长堀川埋没）西面道路拐角处曾有末吉家的旧宅，据说末吉桥就是孙左卫门为了方便来访家宅的客人通行而搭建的。最早叫作孙左卫门桥，后来人们才将其称为末吉桥。

吉康之后，五郎兵卫道长继承了家业，后来传于其女妙荣。这个时候，末吉家还在向安南方面派船，进行贸易活动。前文提到清水寺里保存的绘图也是这个时期（宽永十一年）捐赠的。

末吉家一直是平野乡町的总年寄，同时也是摄津的代官。值得一提的是，他们依靠雄厚财力支持，开拓了从大和川堤下的用水井路到平野川街道的航线，首次运行了在河川内运送货物的柏原船⑧。

江户时代（1603—1867 年）中期之后，平野乡町附近棉花种植业发达，广为人知。平野乡町就成了棉花交易的集散地。得益于这样的背景，明治以后（1868—1912年），平野乡町作为纺织业崛起的中心地区重新回到了历史舞台。这里成为实现了工业化生产的现代纺织业的温床，末吉家的资本复苏了。

明治二十年初，平野乡的末吉勘四郎与其他九人，以二十五万元的资本金创立了平野纺织公司。就是这个公司，派遣菊池恭三去英国学习纺织技术并引进国内，从而奠定了近代日本棉纺织业的基础。在菊池恭三的指导支持下，摄津纺织、尼崎纺织发展迅速。最终，这两个公司合并成了大日本纺织公司。末吉家对平野纺织公司成立作出的贡献虽然是暂时性的，但近世初期的贸易商人、门阀特权商人，曾经像这样将资本投入到日本资本主义产业之中的事实值得铭记。

〔参考书目〕

《末吉家家系》

丰田武：《中世日本商业史的研究》

辻善之助：《增订海外交通史话》

《东成郡志》

《平野乡町志》

《大阪畳商同业组合沿革史》

丰田武：《平野与末吉家》（《历史学研究》第三卷五号）、《末吉船》（《江户会志》第二册三号）

曾根研三：《关于杭全神社的宫座》（《国学院杂志》，昭和九年）

川岛元次郎：《德川初期的海外贸易家》

《大阪府全志》卷之三

〔注　释〕

① 会合众：室町战国（1477—1575 年）时代，城市自治组织的代表者，管理自治城市的街道行政的商人特权阶级。堺的会合众也称作纳屋众，由富裕商人组成。最初为十人，后来发展为三十六人。

② 守护使不入：中世，禁止守护警备派遣的守护使进入某些地区征收段钱（临时税金）或是逮捕犯人的特权。为寺庙神社、有权势家庄园的特权。

③ 代官：中世时代替君主管事的官职总称。

④ 银座：江户幕府的银币制造、发行所。

⑤ 灰吹法：烤钵冶金法，旧时分离金银的方法。熔化含有金银的铅合金，用涂有厚层牛骨灰的吹烟灰器皿使铅氧化、灰化并被吸收。

⑥ 豆板银：江户时期的称量银币，形状为豆粒状，作为丁银的辅助货币

使用，以避免分割丁银的不便。——译者注

⑦ 俵：粮米等产品交易时使用的单位。称量大米时，米1俵为4斗（40升）。

⑧ 柏原船：江户时代，利用平野船在河内国柏原村与大阪之间航行，运载货物的船只。

第5章

淀屋常安与个庵

◇ 足智多谋的工程师 ◇

江户时代，大阪出现了很多武士出身的有名商人，他们为大阪的发展殚精竭虑，淀屋就是其中之一。他们还作为大阪的总年寄参加自治。例如，永濑七郎右卫门原本就是肥后国的流浪武士出身，后经营木材生意，第二代时将店名改为木屋。他在宽永四年（1627 年）是大阪北组的总年寄之一，同时还是丝割符制度[①]的管理者。此外，像安井九兵卫道卜，出自开创了现在繁华街道顿堀的道顿家，同时为总年寄。

那场跨越了庆长、元和年代（1596—1624 年）的战役过后，大阪短期内成了松平忠明的城邑，后来变成德川幕府的直辖领地。由大阪三乡中选出的二十一名总年寄参与执政，形成了自治制度。淀屋从一开始就是总年寄之一。

淀屋本名姓冈本，俗称三郎右卫门。祖先是冈本常安与三郎。他是山城国冈本庄园的庄主之子，世袭的氏姓为藤原，家族被织田氏灭亡时尚且年幼，于是长年寄居在山城国的鸟羽，小林庄主忠房身侧，之后娶忠房之女为妻。但不久，小林氏也为织田氏所灭，冈本夫妇因此帮助忠房之孙忠重出逃，避人耳目隐居于大和。丰臣氏夺得天下时，他们才离开大阪，定居在十三人町(现在的大川町),并改称号为淀屋,开始从事木材生意,参与政事。

在此之前丰臣秀吉执政时,冈本夫妇承包了好些人都无法承接的淀川堤岸改修工程,由此发家。之后利用承包修堤工程获得的巨额财产开始做起了木材生意。

锦文流著有《棠大门宅邸》,这是一本描写市民生活的浮世草子[②]。虽然内容不可全信,但其中描写了以第一代淀屋为原型的“江户屋与茂四郎”(淀屋与三郎的假名)的事迹。这个江户屋与茂四郎,在文禄三年(1594年)秀吉建伏见城时,承包了一部分工程。

这部分工程的具体内容是,在两天内移走正门入口处高四间,宽七八间的大石头,并在其后建造三十八间的泥瓦墙,实属时间紧迫的工程。就算是架上滑车,让上千个搬运工去拉,想要移走那块大石头也并非易事。那时的工程承包费标准最低三百贯,均价为五百贯,也有七百贯的。“江户屋与茂四郎”仅仅以五十贯的要价就承包下工程,无视旁人的嘲讽,出色地完成了任务。

他先在大石头底下挖一个大洞,利用滑车轻轻松松让石头滚进洞里,再埋起来。只用了一天,傍晚时候就连泥瓦墙都做好了。天下人都禁不住赞叹,“以秀吉为首,近臣、家臣、大名乃至不知名的武士,奉行甚至其他杂役,都称这样前所未有的大智慧实

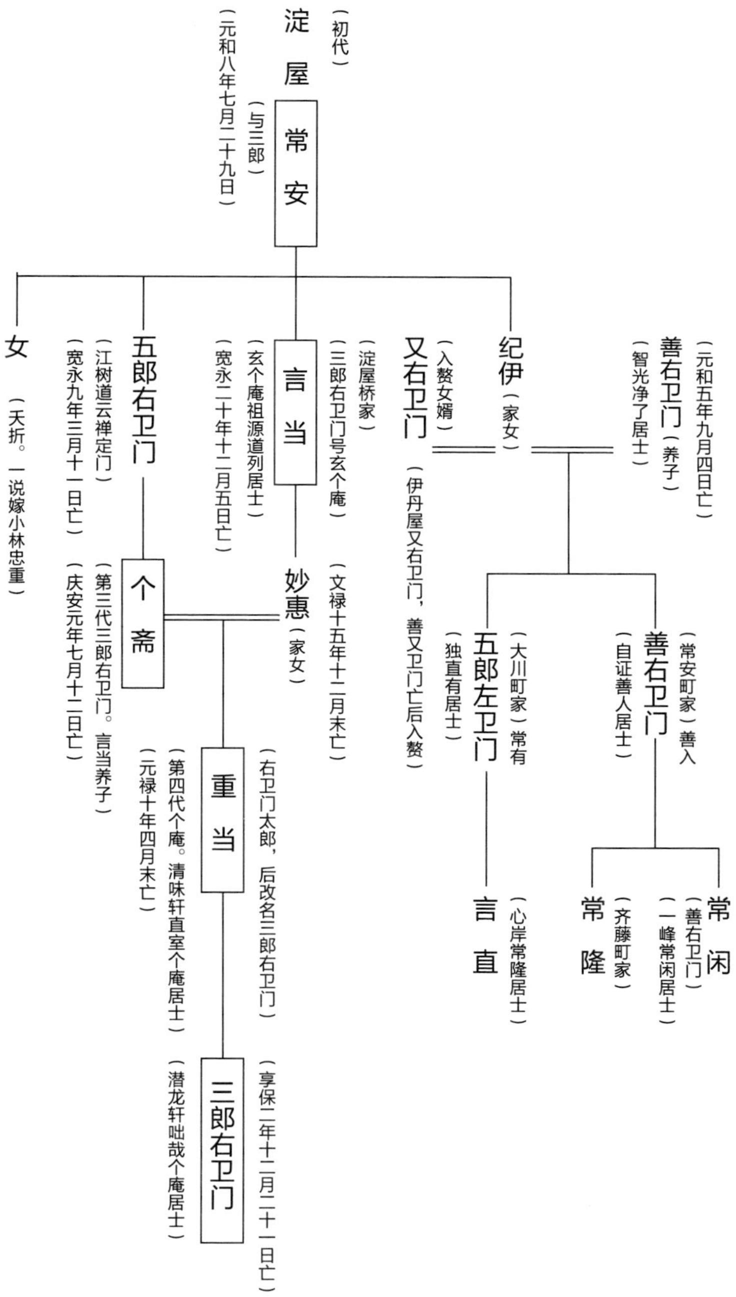
（初代）
淀屋常安
（与三郎）
（元和八年七月二十九日）
善右卫门（养子）
（智光净了居士）
（元和五年九月四日亡）
纪伊（家女）
又右卫门
（入赘女婿）
（伊丹屋又右卫门，善又卫门亡后入赘）
言当
（淀屋桥家）
（三郎右卫门号玄个庵）
（玄个庵祖源道列居士）
（宽永二十年十二月五日亡）
五郎右卫门
（江树道云禅定门）
（宽永九年三月十一日亡）
女
（夭折。一说嫁小林忠重）
善右卫门
（常安町家）善入
（自证善人居士）
五郎左卫门
（大川町家）常有
（独直有居士）
常闲
（善右卫门）
（一峰常闲居士）
常隆
（齐藤町家）
言直
（心岸常隆居士）
妙惠（家女）
（文禄十五年十二月末亡）
个斋
（第三代三郎右卫门。言当养子）
（庆安元年七月十二日亡）
重当
（右卫门太郎，后改名三郎右卫门）
（第四代个庵。清味轩直室个庵居士）
（元禄十年四月末亡）
三郎右卫门
（享保二年十二月二十一日亡）
（潜龙轩咄哉个庵居士）

淀屋家谱图

为天下之珍宝”（《棠大门宅邸》）。这成为“江户屋与茂四郎”的立身之本。

《日本新永代藏》中的如下叙述表明，初代的淀屋常安与淀川修堤工程也有关系：

“伏见地区繁荣的时期，淀屋承接了淀川修堤工程，其才智在万人之上，赚得了许多金银。仅以一世代就可出人头地，让子孙坐享分限之名的人定有非同寻常之处。他筑起四十八町的长堤，为了视察长堤，无论奔走多久，都无法将各处看全。于是淀屋骑上剪裁过的成排的松树，爬上去坐好，还建好了几个可以爬上去能由东向西将所有尽收眼底的办公处。他计算，六千五百位日工，如果没有一个人偷懒，那么就不会产生损失，便才承接下这项工程，受益于此工程，他在大阪外的北滨大川町购置下了一处宅邸。”

也就是说，第一代淀屋常安凭借伏见城的工程与淀川修堤工程等土木工程，立下家业之本。几年来，他虽常住淀津却时常旅居京都大阪，对淀屋家业振兴也有很大影响。之所以这么说，是因为淀是人流与货物进出京都的门户，是从山阳、东南亚到京都的最后一站卸货港。

说起工程之才，世人也称赞角仓了以和河村瑞贤的足智多谋。常安不久将活动中心移到大阪，正是因为当时的大阪非常适合发展建筑事业。到江户的河村瑞贤也是同样的情况。也就是说，在一个城市创立初期成功发展起来的町人，多为土建工程的参与者，常安恰是其中最为典型的一例。

◇ 支持德川 ◇

秀吉在大阪筑城，促进了大阪城市的形成。阿波商人、土佐商人、伏见町人、堺町人等聚集到这里居住，行人络绎不绝。常安也趁此机会移居到了大阪。在庆长至元和年间的两次战役中，这位与三郎常安不顾自己出身于关西方面的淀，反而与在交战中处于优势地位的关东军交好。在大阪被攻陷后，他因功劳获得并把握住了各种机会，一夜“暴富”。

其一，常安收集丢弃在大阪市内外各处的盔甲、头盔、刀剑等武器、马具，加以回收贩卖，发了一笔横财。

其二，天下统一后的某一天，家康召见了与三郎常安。为了奖赏他在两次大阪之阵中建造守城兵营的功劳，允许他苗字带刀③，即在正式场合可以自报冈本三郎右卫门之名，还赐予他出生地山城八幡的三百石山林。另外，家康还许诺他若有其他愿望，皆可满足。与三郎不愧为人精明，思虑周全。当时从各国会有鱼干被运到大阪卸货，他请求获得根据鱼干质量来定市场价的垄断权，并希望能够对运来的鱼干收取税钱（类似于关税）。对经济知识不甚了解的武将家康，没有意识到这将会是多么巨大的一笔收入，极爽快就同意了常安的请求。

其三，与三郎常安还请求能够自己一人来制定谷物粮食的价格。此前，百姓们辛辛苦苦种出来的大米，因为中间商的一句话就可以坏米变好米，好米变坏米，其中油水都进了中间商的口袋。为了遏制这样的局面，常安请求让自己成为管理者，制定流通到大阪的米价标准，以保障农民的福利。这个请求很快被应允了，最终，他一人获得了大米交易中的巨额利润。

有书中写当初与三郎住在大川岸边。春秋涨水时，他靠捡河川中漂来的木材并贩卖出去而发家，积累了财富。从根本上来看，他其实还是靠获得上述种种特权而发家致富的。

◇ 常安请地 ◇

当时的堂岛川还被称为里川，河岸边长着茂盛的芦苇，随处都有沙洲。与三郎看中这一点，申请开垦这片区域，以“常安请地”的形式开始了他的开拓事业。不得不说，他才是使这片区域成为今天的大阪象征——中之岛的功臣。这项工程在元和五年竣工，常安桥、常安町的名字都被原封不动地保存了下来，至今仍在诉说着常安的丰功伟绩。

本是一介流浪者的与三郎常安，世人都倾向于认为他在开拓中之岛的过程中获得了巨额财富。但实际上，开垦芦苇沙洲是一项需要巨大毅力与财力的工程，比起做生意，毋宁说更像是要求有牺牲精神的社会服务事业。一介靠做木材生意维持生计的流浪者，微不足道的小商人，是没有资格承接这项大工程的。唯有拥有声望和信誉的商人才可以。这个时候，常安应该早已用前文所述的方法积累了巨大财富。因为一个单单靠捡拾浮木拿去贩卖的木材商人，根本无法开发中之岛。

无论怎样，淀屋成了关东方面的御用商人，在庆长至元和年间的两场战役中暴富，这一点是没有异议的。

常安似乎是在将家业传给长子言当之后，在隐居时才开展了常安请地的开拓事业。那片土地上不久终于建成了城镇街道，常安町的名字也永远留了下来。

虽是一夜暴富，但常安从没有炫耀过他的宅邸与财产，一直都坚持节俭。他一步步思考谋划，各处购置土地。这种靠投机、节俭、特权集聚起财产，最终用财产开始购置土地的模式，成为后来大阪町人的固定行动模式。

据说，常安积累的金银财宝，都存放在新建成的十二个银仓房，以及位于四十八间伊吕波仓房前的货物土仓房里，把这些仓房给塞满了。

前文中也提到了，常安曾是管理人，后来成为总年寄，参与了大阪的自治政治。

◇ 进军米市 ◇

与三郎常安早在秀吉时代就担任了向主将军营运送粮草的重任。到了德川时代，他接收由各藩国运到大阪中转的大米，进行大米交易。之后如上文所述，发展成了他向家康请愿，自己一人制定米价。推测常安是在元和年间，于自家附近的淀屋桥南面桥头设立了大米交易处。根据《浪华百事谈》《堂岛旧记》，建立大米交易处是淀屋与左卫门的时代。窃以为这里指的就是与三郎常安。

《堂岛旧记》中记述，“大约从宽永、正保年间开始，他收购西边各藩国运来的大米，转卖，负责发送到江户地区，以此为业”。另外，根据《八木杂谈》，他得到批准开始大米交易是在宽永年间，将军家光进京的时候。虽然没有确切的证据，但应该是从常安的世代开始，淀屋家就暗中以一己之力做大米生意了。这个新的发现令人惊异。《棠大门宅邸》中，这样描述了常安时代淀屋的繁盛：

“江户屋与茂四郎不久就成了拥有十万贯的富人。经年之后，虚岁六十一时回到八幡，积累千石千贯的米钱，成为德高望重的商人。六十二岁剃发出家，法名江户屋常安，在大阪设家宅。购入住处以外的四十八处房屋，取名为江户屋的伊吕波宅邸。一切弃奢从简，万事不违背节俭之风。智慧是万代之宝。仓房中存有各类宝物，存放布匹的仓房，存放细碎财物的仓房，年年都在新建。仓房多得数不清，装有无穷无尽财物的还不仅仅只是一二仓房而已。钱生钱，银子的增加有如繁殖老鼠一般。”

此文中值得一提的是“一切弃奢从简，万事不违背节俭之风”。常安一生都坚持勤俭节约。他从承包工程发迹，积累了家财，后转而经营问屋，却又不像普通商人一样只满足于赚取手续费。常安与投机者最为不同的是，他一直提倡节俭，不曾浪费一分一毫。

坚持节俭的作风，使他在投机市场也大放异彩。“钱生钱，银子增加如鼠繁殖般”，这样的描述令人有些毛骨悚然。无穷无尽膨胀的财富给人以可怕的印象，钱财就好像妖魔附体一样不断增长。

常安是当时一流的土木工程师，特别是他开创了制定大米行情，这样的业绩已经不是普通商人所为，可以说他拥有卓越的企业家气质。

他于元和七年二十九日过世。《冈本家系谱》中记载他法号为养源院以心常安居士，葬在大阪谷町大仙寺。

◇ 青出于蓝的第二代个庵 ◇

常安育有三男二女，长子为养子叫善右卫门，是从尼崎的木村家入赘而来的女婿。次子为亲生儿子的言当，称为三郎右卫门，号个庵、玄个庵。个庵被足智多谋的父亲养育长大，自然耳濡目染，有着精明的商业头脑，同时他还具备了父亲所没有的野心。

元和八年，个庵为了曾经与父亲有往来的咸鱼商人们，与天满的咸鱼问屋鸟羽屋彦七两人一起作为代表，向町奉行请愿去开发津村的田畑葭岛，得到批准。于是，他们在那里建成了新韧町、新天满町。

然而，从各藩国过来的船要到达这个地方很不方便。于是在宽永元年，为了便于船只往来，他们开凿了海部掘川，修建了永代河岸。西船厂津村的葭岛划分成了新韧町、新天满町、海部町三处。这附近的町从那时候起就都被称为韧。

还有蔬菜市场，也是到了元和年在京桥的南桥头，也就是在当时个庵的私有地上发展起来的。庆安四年，这个蔬菜市场因土地充公而移设到京桥片原町。也就是说，后来发展成为天满蔬菜市场的这个地方，在个庵在世时，为淀屋所有。

个庵于宽永二十年十二月五日过世。他在从父亲常安亡故的元和八年起的二十二年间一直是淀屋的当家。与父亲常安的谨严朴实相比，对他的形象总是有追求当时潮流，沉迷于茶道、连歌等爱好的印象。但这也是那个时代作为大富商必备的教养与趣味。总体来说，个庵一生都守护好了父亲遗留下的事业，并振兴发展了淀屋的家运。

也不知是个庵的经营能力出众，还是那个时候的时代大势所致，在大阪发展繁荣的大背景下，淀屋的米交易越做越大。也由于他在大川町的店前制定了米价，宽永年间从北边的加贺藩，用载重二百五十乃至三百石的回船运送一万石大米来到大阪时，将米的贩卖全权托付给了个庵。从此以后，个庵开始收购各处大名的禄米。另外，淀屋还开始经营为各国诸侯筹措、借贷资金的业务。

由于这个时候淀屋米市人来人往，热闹非凡，为了往来便利，淀屋自费在土佐堀川上架桥。最开始桥没有名字，单单被叫作“淀屋架的桥”，后来变成了“淀屋的桥”，最后终于被称为“淀屋桥”。淀屋宅邸住着手代三十余人，家属合计一百七十人。父亲常安认为当时的房屋太过拥挤，便开始改建了家宅。根据各种说法，可以推断改建的宅邸正门在北滨（现在的大川町），后门在梶木町（现在的北滨四丁目），东到心斋桥筋，西至御堂筋。

◇ 绚丽豪华的宅邸 ◇

每年，大米的初次市价公开都是在淀屋桥的南桥头。后来，虽然在堂岛新建了米交易市场，这个习俗也从未变过。据此可以推测，淀屋的家宅正门就在南桥头附近。古书中记载，大米的搬运工人总是在肥后桥附近集中，由此推测淀屋宅可能一直延续到肥后桥东边的区域。现在那里还留有一条叫作淀屋小路的路。

说起宅邸的布局，其大书斋、小书斋都是外部贴金，同样贴金的隔扇上用极绚丽的色彩描绘了四季花鸟。庭院里有泉水、铺石，种有中国和日本的珍奇树木。在一处称为夏堂的地方，四面设有外廊，立着当时极为少见的舶来品玻璃隔扇。天花板也镶上了一层玻璃，在玻璃上方装满水放入金鱼，入睡时可以欣赏天花板上的游鱼。所见之人无不感慨“天下的阴凉之所也不可能比过这里”。

茶室的外观“铺满金银”，无比绚丽。内厅的格窗上雕刻有四季花草。走廊、栏杆涂成朱红色。会客间、手代的房间、厨房均面积很大，这样显示家族“坐拥巨富”的宅院，让大阪人都看得胆战心惊。

当时，从长崎进口的生丝被堺、京都、长崎拥有丝割符的商人收购。个庵与总年寄的川崎宗言一同进行了争取丝割符的运动，成功为大阪争取到了进口权。

◇ 町人藏元第一人 ◇

个庵于天正五年生，宽永二十年十二月五日卒，享年六十二岁。在谷町的大仙寺有立碑，山城国八幡的神应寺立有碑与石塔两座。个庵没有亲生儿子，于是收弟弟五郎右卫门的长子个斋为嗣子，并将个庵言当（第二代）的长女富士（后来的妙惠）婚配与他，继承了淀屋。然而，个斋不久就亡故了，其子重当幼年时继承家业，其母富士（妙惠）从旁协助、掌握实权。这时的淀屋并没有一点衰弱的迹象。

此前，大阪诸侯的藏屋敷一直都是藩士掌管。从这个时候开始，町人藏元势力抬头，排挤藩士，开始经手诸侯的财物花销。淀屋成为町人藏元的第一人，同时还频繁开展大名借贷的业务。不过，淀屋虽称作是藏元，但不是后来所指管理租米等出纳业务的藏元，而是有一定实力的大米商人。

这个时期，淀屋购入了大量家宅与田地。第四代的重当在妻子离世后，虽又娶了米津侯之女，却开始沉溺于寻欢作乐，流连花柳之地。到重当晚年之时，淀屋那样的万贯家财也被挥霍了不少。

重当于元禄十年四月三十日，其五十岁时逝去。其子三郎右卫门继承了家业，此人就是那个被没收财产的有名人物辰五郎。关于其被没收财产的事情众说纷纭，我的其他作品做过详细考证，可以参考。因此书介绍生财与聚财，便只将第一代常安和第二代个庵作为主角。

〔参考书目〕

《冈本家由绪书》（抄本）

《冈本家系图》

《大阪市史》

《元正间记》

《一话一言》

《东区史》第五卷

《堂岛旧记》

宫本又次：《淀屋三郎右卫门考》（《经济史研究》第二十五卷五号）

古田良一：《东回海运及西回海运的研究》

石田诚太郎：《大阪人物志》

〔注　释〕

①　丝割符制度：江户时代日本的白丝进口制度。江户幕府给特定的商人集团“丝割符仲间”白丝的进口权，以及将进口的白丝分销国内的垄断销售权。

②　浮世草子：日本古典大众小说的一种，又称“浮世本”。江户时期流行于京都、大阪一带，创始人是 17 世纪日本小说家井原西鹤。其突破了过去以描写贵族、武士生活为中心的文学传统，而是以反映城市中下层市民生活为主，逐渐形成颇受欢迎的庶民文学。——译者注

③　苗字带刀：江户时代在正式场合能称呼苗字（即汉语中的“姓氏”）和佩刀为武士特权。后来农、工、商业者因为门第或贡献而被授予武士资格者，也可称苗字并佩刀。

第6章

鸿池新六与宗利

◇ 山中鹿之介的后裔 ◇

战国时代（1467—1600/1615 年），鸿池家盘踞在山阴地区，掌管出云、隐岐、伯耆三国。据传他们的先祖是一时势力隆盛，曾与毛利氏争霸的尼子氏家臣山中鹿之介幸盛。幸盛育有二子一女，长子为幸元，次子为幸范。幸元在元亀元年（1570 年）出生，幼时因为某些原因被大叔父山中信直抚养，在摄津国伊丹地区鸿池村长大。

幸元在十五岁元服成年，改幼名，称幸元，但不久便决定放弃武士身份作为商人处身立世。据说他严守自己出身武家的秘密，并改名为新右卫门（新六）。近世初期，武士、神官、僧侣、医师、农民等审时度势后从商的人很多，新六只是其中一人。新六振兴家业，为后来的鸿池家打下基业，应该是从他还住在鸿池村开始从事酿酒业时开始的。

摄津国的鸿池村原本叫作长尾村大字鸿池，是伊丹市向西约二里处的一处小村落。南面为开辟出来的高地。北面可以眺望满愿寺、中山寺等背山。西面有武库川南流，对岸连接武库山的东边山麓。东面稍远处有猪名川南流，对岸是千里山丘陵由北到南连绵不绝，直逼大阪市北边。此为鸿池村地势。高地脚下的地势低处开辟了西国街道，自古就是从京都到九州地区的重要道路。附近区域统称为稻野（猪名野），向南可眺望大阪湾，成为风景胜地。

根据《摄津志》，鸿池的地名是从国府池变化而来的，不过并没有定论。从前，摄津渡边的国府曾尝试过移建到此处，可能由此才诞生了这样的地名。

◇ 清酒的酿造 ◇

庆长五年（1600年），新六在鸿池村开始酿造清酒。同年，在宅邸内建造了稻荷祠，祈愿买卖昌盛。此后过了三百余年，斗转星移，虽然再也无法追忆当年风貌，但时至今日稻荷祠还在，祠中还立有中井积德（履轩）撰写的稻荷社碑。根据碑文所写，鸿池于庆长五年开始酿造清酒。宽政六年（1794年），鸿池新右卫门（始祖第七子元秀的子孙）在大阪町奉行所答话时存有记录文书，从文书中可知，早在庆长四年就已有清酒被运到江户。所以究竟哪种说法是正确的，无法辨别。然而可以确定的是，清酒酿造大概是在庆长年的末期开始的。

我国一直到中世前都只有浊酒，近世初期才终于出现了清酒。据说清酒是新六在非常偶然的情况下酿造出来的。

鸿池家原本只酿造浊米酒。后来一个坏心眼的男仆想捉弄主人，正巧在后门处发现了装有木灰水的桶，便悄悄将桶运到酒窖，把桶中的木灰倒入酒桶里。然后一个人心情愉快地开怀大笑，当作什么也没有发生一样离开了鸿池家。主人以及家中所有人都不知情。后来，当大家用勺舀起酒时，发现酒水清澈，喝下去酒香妙不可言。再将酒倒出，才知道木灰沉在了桶底。

于是，鸿池家将这个秘密深埋，开始制作清澈的上等酒贩卖。世人虽觉得不可思议，却争相购买。鸿池家不久就生意兴隆。

这个小故事初见于《摄津落穗集》，后在《摄阳群谈》《山海名产图绘》《梦之代》等其他很多书籍上都被提到。

有传说后来秀吉在天野山金刚寺时下令，禁止向酒中加入灰水。还有传说将鸿池家祖先发明清酒的故事润色为：对主人心怀怨恨的男仆在离开主家之前，为了报复主人而在酒桶中投入了木灰。这样的描述像写小说一样，有过于添油加醋的嫌疑。

事实上，原本摄津国的伊丹地区与池田一样是浊酒的盛产地。始祖新六住在距离伊丹不远的鸿池村，自然会想要从事作为名产的酒的酿造业。他开始经营鸿池屋，苦心研究各种酒的制法并加以改良，最后终于成功酿造出了澄澈芬芳的上等酒，在近邻中广负盛名。可能这才是事实。

◇ 由陆运业转向海运业 ◇

根据鸿池家家传，新六开始将清酒运去江户贩卖是在庆长四年。伊丹的猪名寺和池田的满愿寺屋都是之后才开始向江户运送清酒的。但说起池田乡酿酒业的起源，最早是京城酿酒处的人来到这里，将酿酒技术传授给了满愿寺屋九郎右卫门的祖先。由于满愿寺屋是在应仁年间（1467—1469 年），从川边郡满愿寺村迁移到池田而开始酿酒，所以说到底满愿寺屋才算是开山鼻祖。只是鸿池屋以上等的清酒在世间赢得声誉，销路广泛，便渐渐发展成向江户运输销售清酒了。

新六开始频繁往返于东海道。当时，江户才刚建成都城，仍旧是一片新开拓的地区，比起旧都京都附近的“上方地区”，文明程度低，酒也只有浊酒。还未见如鸿池屋酿造出的这般美酒。

因此，鸿池屋运到江户的酒非常受欢迎，不用多久就一售而光。用马驮来的少量酒根本供不应求，鸿池家渐渐考虑用船从大阪将大批酒运到江户。

鸿池新六最开始运酒到江户时，用了能装二十升酒的木桶。经过多次试验后，运到江户时改为四十升酒一个木桶，一匹马驮两个木桶。于是一桶酒也称作“片马”，此外在定酒价的时候，也会用十匹马多少升来计算。

关于鸿池屋酿酒，《嬉游笑览》中写的是鸿池的酒屋胜三郎右卫门，《修齐近鉴》中记载的是鸿池胜庵，均没有新六的名字，但恐怕所指为同一人。

据说鸿池的酒卖到领主大名家，在大名参勤轮换时，府中三百诸侯都被酒香所醉，鸿池铭酒的名声顷刻就在全国上下传开了。

鸿池家家运昌盛。元和元年（1615 年），新六的次子善兵卫秀成、元和三年第三子又左卫门之成开始在大阪从事酿酒业。元和五年，始祖新六自己也在大阪的内久宝寺町开设店铺，亲力亲为，一边从事酿造，一边推广销路。

鸿池屋在大阪产出了名为“清水”的铭酒，在鸿池村酿出了名为“相生”的铭酒，产量一年有十万石以上。由于运去江户的酒只用陆运的话无法满足需求，于是他们着眼于大阪—江户间的海运。以此为契机，不久，鸿池家开始涉足海运业。这是宽永二年（1625 年），新六五十六岁时的事情。

◇ 善右卫门正成的活跃 ◇

当时，新六的第七子新右卫门元秀继承了鸿池的本家。第八子善右卫门正成继承了大阪的店铺，传说他天资聪慧，头脑灵敏。

有记录表明，大阪的沿岸船是在庆长年间开始向江户航行的。大约在元和初期，下田也成立了作为据点的番所，所以沿岸船的开端应该就是这个时候。

据说，首先开创兵库到江户航海线路的是兵库的北风彦太郎。此人那时虽在经营酿酒厂，却拥有三艘船。他从伊丹的丸屋七左卫门以及鸿池的新右卫门那里购入籽棉，装载上船运到肥后贩卖，返航时购入米、大豆、油菜籽，每年如此。这里的新右卫门是新六的第七子。当时，新右卫门正在把酿造的酒用马匹运送到江户。他看到北风彦太郎拥有船只，从事海运业，受到了启发。于是，他也将从中国进口的货物装载上船，委托给堺的沿岸船中介，以此开始从事海上运输业。

在大阪管理鸿池店的善又卫门正成，即新右卫门的弟弟，马上预见到海运业的大好前景。之后，他与身为大阪幕府官吏的香西哲云和豪族池山一吉协力，修筑川口的沙洲，开发了九条岛。这个时候，大阪有很多沟渠被挖凿出来，九条岛正巧位于这些沟渠的西端，这个地理位置使其成为具备海运优势条件的重要地点。鸿池家将九条岛作为海运业的根据地是合情合理的。

正成以九条岛为根据地从事海运业，主要负责将九州地区等西边藩国的大名的粮米从藩地转送到大阪的业务，或者承接向江户运送货物的生意。到了元禄年间（1688—1704 年），鸿池家也在江户的吴服町设立支部，拥有上百艘船，生意规模很大。

◇ 开始两替业 ◇

鸿池家的海运事业从第一代的正成，一直经营到第二代的之宗，第三代宗利，第四代宗贞。大约到了享保年间（1716—1736 年），事业范围逐渐缩小，鸿池家的主要事业变成了金融业务。虽说如此，鸿池的“生财之道”先是从酿酒业开始的，立足于酿酒业，进军海运业，事业发展越来越稳固已是不争的事实。第一代善右卫门正成，早在明历二年（1656 年）就开始从事金融业了。

也就是说，正成在大阪与江户间经营海运业，承接冈山藩以及其他的官用运输业务，得以与各藩国的要人结识，自然而然开始为各藩国疏通财路。

据说，鸿池家最初从事两替业是由一直经营两替屋的天王寺屋五兵卫介绍，并顺利开展业务的。到了宽文十年（1670 年），大阪十人两替[①]的制度确立，这十人中就有鸿池家。鸿池家当仁不让地开始经营大型两替屋。

这是正成六十三岁时候的事。正成体格高大，崇尚健康朴素的生活。他一生勤勉，坚守实业，不知疲倦。第二代的喜右卫门之宗据说也是温厚笃实的性格，稳固了上一代留下的家业。但这个时候天王寺屋五兵卫与平野屋五兵卫的家族势力还很大，鸿池家在财富排行上只是处于中等位置。

之宗的时代，也就是延宝二年（1674 年）六月，鸿池家从内久宝寺町的本地迁到今桥二丁目的浪花桥西北角，于此经营两替屋。延宝六年，他们买下西邻的宅地扩建，后来作为从事金融业的挂屋在世间享有盛誉。挂屋也称作银挂屋，主要业务是保管官方库藏货物贩卖回收的货款，并把货款送到藩地及江户。只有大两替屋和其他有信用的商人才能身负此任。大部分时候，藏元也兼作挂屋。

鸿池家从很早以前就用自家船只为冈山藩运送粮米，并与当时身为挂屋的冈山藩关系愈发亲密。约从元禄时期开始，鸿池家成为广岛藩的挂屋，后来又开始向姬路藩、熊本藩进行大名借贷的业务。

◇ 大名借贷与町人借贷 ◇

宗利尚在年幼时就继承了家业，那时实权掌握在第二代之宗手中。然而，元禄六年正月第一代正成过世，元禄九年五月第二代喜右卫门之宗也亡故了。在元禄九年，与鸿池家有交易的大名达到了三十一个藩国。征用鸿池家作为御用商人的藩有尾张、纪伊、越前、加贺、萨摩、仙台、熊本、安芸、土佐、阿波、彦根、今津、桑名、柳河、小田原、白河、藤堂、高崎、笠间、宇都宫、吉田、馆林、鲭江、山形、关宿、上田、长府、尼崎、沼田、岩村、高取。

宗利的那一代,也就是元禄十四年十一月开始为高知藩服务,得到俸米两百石。另外也与德岛藩开始交往。

宗利还与松平加贺守（前田侯）、有马中务大辅（筑后久留米）等其他很多大名豪族建立了关系。而且，思虑周密，老练踏实的宗利对每一家都警戒防备。禁止家族中人沉迷于酒色游艺，对在与各藩国官员交往过程中易因私情而引发的危害防微杜渐，以谋求稳固发展。

大名借贷未必是低利率，利率的计算设定在十年内就能还清本金。大阪商人贷款给大名的目的是为了获得利息，几乎可以说他们从没考虑过要拿回本金。

也就是说，大名借贷的最大收入是利息。除此之外，在作为藏元协作各藩国办理诸事时会有俸米的支给。然而，俸米并不是贷款产生的收益，与贷款收入完全不相关。每年都经常性会有俸米支给，商人们收益颇丰。此外还有无形的收益，例如藩国会允许商人苗字带刀，享受武士待遇。

但大名借贷也并非没有风险。各藩国的武士都出乎意料地狡猾，其中甚至还有不履行合约已成惯例的人。由此，因为经营大名借贷而破产的家族也不少。鸿池家兢兢业业经营家业，努力避免发生类似的事。

鸿池家在大名借贷之外，也大量经营向町人贷款的“町人借贷”业务。翻看鸿池家各年度的账簿“算用账”可以发现，町人借贷的比率年年缩小。根据“算用账”，平均利息收入除以前一年本金的值在元禄六年至元禄十五年（1693—1702年）左右达到了最高的百分之十，之后宝永五年至正德二年（1708—1712年）为百分之六，享保十四年至享保十九年（1729—1734年）为百分之六，元文五年至延享元年（1740—1743年）为百分之八，宝历九年至宝历十三年（1759—1763年）为百分之六，安永九年至天明四年（1780—1784年）为百分之五，到了文化年间（1804—1818年）成为百分之三，有利息收入减少的倾向。

“算用账”里直到元禄年都有油菜籽费、米费、苎麻费等各项目，可以推测，鸿池家在初期曾积极开展过这些物品的生意。然而宝永（1704—1711年）以后，这些项目就消失了。这个现象与商人借贷业务的减少同时出现，可以推测，鸿池家渐渐退出这些商品的交易。这与三井家形成了鲜明对照，三井家专门经营吴服、绵等商品交易，以拥有的货物作为资本金。他们所经营的金融业务，甚至都是为了在商品交易时汇兑汇款更方便而存在的。

鸿池家业务的核心在大名借贷。为了使居留在江户的各诸侯与大阪商人之间资金交易更便利，其中还有江户汇兑的业务。这项业务也与大名借贷有关联，原本是大阪的殿村平右卫门（米商）想出的，鸿池采用了他的大部分方法。

◇ 鸿池新田 ◇

鸿池家从事酿酒业、海运业，开辟了“生财之道”。明历二年开始从事金融业。之后从酿酒、海运业退出，专注金融，做藏元、挂屋、大名借贷，成为典型的放贷型资本家。他们在大阪市内购买家宅，拥有住家，租房，逐渐占据了重要地位，便开始进行像鸿池新田这样大规模的新耕地开发。新耕地的开发在封建社会是最为安全的投资了。

宗利在宝永二年四月购入了正在被转让出售的河内若江郡池沼，着手开垦新耕地。宝永四年六月，鸿池新田建成完工。据说有百二十家移居到此地，男女七百五十人，其他来到此地耕作的人达到三百六十家。河内国若江郡内这片以大和川流域的深野池、新开池为中心，原本被许多沼泽包围的不毛之地，在经过三年斥巨资开发之后，成为二百一十八町约一反五亩②的良田。

此处还不得不提及元禄十七年大和川的改流工程。改流造成以深野池、新开池为代表的许多沼泽池塘都干涸了，池低、旧河床一片区域逐渐被开垦。于是，二俣新田、山本新田、玉栉新田、久宝寺新田、菱屋新田、箕轮新田、鸣野新田、深野新田等三十余个新田被开垦出来。鸿池新田也是在此背景下被开垦出的田地之一。只不过鸿池新田的面积之大，耗资之多，使其成为最具代表性的由町人承包开垦的田地。

宝永二年四月二十七日，新田举行奠基仪式，打桩，开锄。主要工程为拆除堤防，改造河床底部，以及挖掘农业灌溉用水道。大部分工程都承包给附近古田农村的村长和百姓。新田于宝永四年六月竣工。在宝永五年八月，万年长十郎与雨宫庄九郎两位代官在现场进行农田丈量的检查，命名此地为鸿池新田。

新田开垦时，据说宗利无论刮风下雨，每日都从大阪坐着轿子颠簸三里地来到现场亲自监督。新田建成后，在他监督之处设立了“新田会所”，让新田的管理人居于此。新田会所正门右拐不远处，有一个祠堂。在祠堂内与伊势神宫一起，也祭祀着新田的开山鼻祖——第三代宗利。

鸿池家的事业到第三代宗利时逐渐定型。宗利在享保元年四月着手制定家训，于享保十七年完成。

宗利之后，由第四代宗贞掌管的鸿池家，成为大阪乃至全国首屈一指的富豪。但此时起，鸿池家一直稳健发展的家业渐渐开始衰退，应该说是鸿池家开始展现出故步自封的态度了。

〔参考书目〕

宫本又次：《鸿池善右卫门》（《大阪町人》）

《鸿池年表》

草间伊助：《鸿池新田开发事略》

《浪花之风》

宫本又次编《大阪研究》第三卷、第四卷、第五卷

中井信彦：《商人地主的诸问题》（《明治维新与地主制》）

幸田成友：《日本经济史研究》

《大阪府史》

《滩酒史》

饭渊敬太郎：《日本信用体系前史》

宫本又次：《大阪》

〔注　释〕

① 十人两替：江户幕府在大阪的大型两替屋“本两替屋”之中，选择十人作为御用两替商，管理其他两替屋，为幕府处理公款相关的诸事务。

② 一反五亩：反、亩，尺贯法的面积单位。1 反约为 990 平方米，1 亩约为 99 平方米。1 反 5 亩约为 1500 平方米。

第7章

住友政友与苏我理右卫门

◇“家祖”住友政友◇

明治（1868—1912 年）末期完成的编年体史书《垂裕明鉴》中记载了住友的历史。以此为基础，白柳秀湖的《住友物语》，平塚正俊的《别子开坑二百五十年史话》中也有记载。这本《垂裕明鉴》保存在住友家，大阪商公会议所里还存有一本复制本，世间流传的记载大多以此为原本。《大阪市史》就是根据这本复制本编撰的。另外，在《本邦经济》上连载的《住友繁昌记》，日本康采恩全书中的《住友康采恩读本》，土屋乔雄博士所著的《构建财阀的人们》也都间接参考了《垂裕明鉴》。

早在昭和十年（1935 年），向井芳彦氏就专注于住友家史的研究，他加以公正缜密的考证，编撰出《泉屋从考》，在昭和二十六年发刊。二十八年四月，向井氏不幸去世，但他珍贵的研究手稿仍在持续刊行。他生前在昭和二十七年十二月时，以《住友的历史》为题的明晰流利的通史讲演也得以出版，内容在《垂裕明鉴》的论述上做了大幅度的改动。本书主要使用向井氏的研究结论，同时参考《大阪市史》等加以补充。

住友的先祖，分为家系上的先祖与家业上的先祖，此家祖与业祖，需要分开加以说明。

住友的家祖为政友。法号是文殊院（文殊院员外嘉休）。此人是侍奉于柴田胜家的越前丸冈城主，住友若狭守政俊之子政行（权左卫门，一说为外甥）的次子，在天正十三年（1585年）出生。政俊在柴田氏灭亡时殉主自尽。政行在柴田氏灭亡后，侍奉于大谷吉隆，在关原之战中立功。还有说法是政行跟从青山忠之，之后侍奉于结城秀康等，无法定论。

庆长元年（1596年），政行之妻小仙携子政友与友定进京都，住在下京高辻通新町的西边。

那时，京都经逢乱世，各种宗教运动兴盛。一日，母亲小仙听闻上京的晴明町有难得一见的说法，便带着两个儿子去听讲。时间是文禄五年（1596年）五月七日，说法的是一位名叫空源的仪容俊秀的僧侣，他说的法是名为涅槃宗的新宗派。这个空源当时已经拥有了相当数量的皈依者，俘获了大量人心。随着后阳成天皇的皈依，他被称为及竟上人，门徒遍及诸藩国。

政友依这位空源所愿与母亲小仙（妙庆）一同出家，法号空禅，一心一意学习经论佛典，成为空源门下首屈一指的博学之才。空禅以他的博学远见，致力于广泛传播其宗派。早年就获得文殊院的称号，还娶了妻。涅槃宗与净土真宗一样，允许僧侣有妻子。空禅之妻是伊丹绍拙斋的女儿。

然而，有势力暗中嫉妒涅槃宗的隆盛，策划阴谋，使其受到了负责京都警察、司法和政务的所司代——板仓伊贺守胜重的压迫。随着新的规则制度确立，涅槃宗的佛堂被毁坏，僧侣门也都被流放到京城之外。

空源死后，在天海僧正的关照下，其子空尊得以幸存并成为后继人，属天台宗。

但空禅以此为耻，成为不属于任何宗派的“员外沙门”“员外沙弥”。他后来改名嘉休，守护亡师空源留下的佛法，教化众生，引导众生彻悟。接受他教化的人中就有后文要提到的苏我一族。

这个员外沙弥嘉休为了维持生计，不知从何时起，开始在京都佛光寺上柳町（现在的佛光寺通乌丸以东）立起了灵药返魂丹的招牌。他自称富士屋嘉休，开了间药铺，并兼作书店出版社。书店和药铺，都是适合以超度众生为己任的僧侣的营生。原本医药与书籍就是僧侣开始买卖的。大阪著名乡校怀德堂的第一代学生三宅石庵，据说在讲学教书的同时也在卖返魂丹。嘉休居士所卖的返魂丹标注为“松浦流古方”，与越中富山的返魂丹不是一个体系。其书店还曾将宽永十三年（1636 年）九月出版的《御成败式目》进行再版。

◇ 文殊院的处世训 ◇

嘉休居士虽然从商，却没有丢弃信仰。正保四年（1647 年）

他号临西，隐居于嵯峨清凉寺的释迦堂旁。当时他虽已失去两个儿女，却有外甥友以作为养子陪在身侧，友以是他物质与精神上的有力后盾。

他的两个亲生儿女中，儿子为富士庄兵卫，娶了嘉休政友门下有权势之人岩井（永田）善右卫门之女龟女。女儿嫁给了政友（嘉休）姐夫苏我理右卫门的长子理兵卫友以。然而，儿女两人都相继亡故了，两人的遗属友以（良入翁）与龟女（春贞尼）再婚。此二人年幼时就敬仰文殊院，被文殊院招至膝下，因文殊院的牵线而结合那是再自然不过的事了。

庆安五年（1652 年），“文殊院员外嘉休”，也就是政友，在六十八岁时离开俗世去往极乐净土。他被埋葬在京都寺町高辻以北的永养寺中。

文殊院的处世训也称为旨意书，是文殊院晚年写给勘十郎的书信：

其一，不购入虽比市价便宜但来历不明的货物，这样的东西有可能是偷盗得来之物。

其二，无论对方是谁，就算是一晚都不可留宿在家。就算是一个草帽，都不得代为他人保管。

其三，不可当其他人的保证人。

其四，不得赊账。

其五，无论被说了什么，都不能性急粗暴地说话。必须耐心重复，具体说明。

也就是说，不赚不义之财，要慎重查明货物来源，极度小心不要受到牵连。以上这些内容，比如绝不购买便宜但来路不明的东西，无论购入什么都要问清货物来源，谨慎行事不买不知根底的东西，避免争吵纠纷等，在这个家族的子孙后代所开的店铺中，作为店法、店规一直被沿用了下来。文殊院圆寂后过了九十年，元文五年（1740 年）七月，在泉屋长崎店的店规中仍可看到数条沿袭了以上传统的内容：

其一，从中国进口的货物自是不用说，其他无论什么商品，都要自己仔细调查。便宜的商品，存有疑虑的商品，一定要调查。此事必须经常提醒用人店员们注意。

其二，从大阪购来的绸布，无论来源都需调查货源，如是来历不明之物不得购入。自古就有家法，此为重中之重，必须谨记于心。

其三，各处的顾客，无论提出了怎样为难的要求，都不得与人争论。必须要有耐心、礼貌的态度。

此后，宝永四年（1707 年），在别子铜矿山的管理人以及总手代之间流传的备忘文书中有这样一条：

对待矿夫不能过于苛刻，用人需以情理，不得区别对待矿夫。此段在辰年（元禄十三年，即 1700 年）平七为支配人[①]时已制定，此番再作说明。

可以说，这些也体现了文殊院所具有的精神。

◇“业祖”苏我理右卫门◇

住友家家业的祖先被认为是苏我理右卫门。理右卫门法号为寿济。

此人元亀三年（1572年）出生于河内的五条（现在的大阪府东大阪市）。但这个苏我家原本出自于和泉家，曾称山本氏。天正年（1573—1592年）初，信长攻打石山本愿寺时，他们逃至泉州大鸟去避难，也可能那里才是家族的源头。父亲苏我平兵卫称入江氏。

根据住友家家传，在桓武平氏一系的葛原亲王二十四世孙备中守，小太郎忠重时开始称住友氏。忠重父亲为须美[2]平内友定，取父亲姓与名，忠重称为住友。其子赖定是足利十二代将军义晴的近侍，任职备前守，官至从五位下。赖定的孙辈中有位叫信定的，冒称祖母的姓，叫入江土佐守。苏我氏应该就是出自这个入江土佐守信定。所以从血缘上来看，住友、苏我两家实则为一个家族。

◇ 南蛮炼铜法的流传 ◇

理右卫门很早就习得炼铜与铜工艺，天正十八年，他十九岁便自立门户，在京都寺町五条（寺町松原西南方向）开设店铺。不久，他又新掌握了精炼银的技术。

粗铜中或多或少含有些金银，我国自古以来没有精炼的方法，便以粗铜的形式出口到国外，让外国人得了益处。不过这个时候许多西方人渡海来到日本，带来了一种精炼的方法：先溶解含银的粗铜，加入铅，制成铜和铅的合金。然后加热铜铅的合金，当达到铅的熔点三百二十五摄氏度以上时，由于铜的熔点超过一千零八十四摄氏度，压缩后铅溶解与银一起流出，铜残留了下来。这个作业称为“绞”，由此得到的铅和银的合金再次溶解进行分离，便得到了精炼的银。世间称作“南蛮吹”，或是“南蛮绞”。

在《鼓铜图录》里关于“南蛮吹”有以下说明：

冶炼铜铅图

在含有银的粗铜中加铅，冶炼，成为含铅的铜合金。

分离铜铅图

铜合金放入炉中熔化到并未液化的程度，使用铁制的器具，让铜留在上方，铅液化流出。此铜称为绞铜，铅称为出铅。这样的话，铜中所含的银就与铅一起流出了，这称为绞吹。由于是外国传来的方法，所以叫作“南蛮吹”。

分离银铅图

将出铅放入骨灰制的炼炉中，用炭火渐渐加热熔化，铅被骨灰吸收，只有银残留在炉中，这也叫作灰吹银。

还有一说，认为早于理右卫门数十年前，在大永年间（1521—1528 年），筑前博多的神屋寿贞就从中国人那里学到了“南蛮吹”的方法。

在《石城志》中有记载，据说寿贞是石见的大森银山与但马的生野银山的发现者。然而，根据向井芳彦氏的考证，神屋寿贞习得的是“金铜精炼”或是“金银精炼”，与苏我寿济的分离银铜精炼法不是同一种。而且《石城志》中关于粗铜精炼的记述不甚明了，存有疑义。假若寿贞从明朝人那里学会了粗铜精炼术，在我国也并没有留下他实践此方法的痕迹，那么这个技术只为他一人所知道，并没有流传于世。如此看来，“南蛮吹”的本源果然还是寿济理右卫门。

根据《鼓铜图录》，寿济理右卫门在天正十九年，于泉州的堺，从一位名为白水的南蛮商人那里首次接触到“南蛮吹”。然而真正掌握技术是在天正年之后的庆长年间（1596—1615 年）。这意味着，他从南蛮商人那里因偶然的机会得到了某些启示，然后自己加以努力，反复多次试验才领悟了其精髓，这是他自己开创的方法。

白水这个人物，世人臆测其姓为赫胥黎，或是赫克斯利，甚至还有人推测出其拼写为 Huxley，都是些民间传说。还传说他是自中国而来，也值得怀疑。不如说“白水”本就是从“泉”字拆来的，并非实际存在之人。也有传说是理右卫门向掌管医药治病的神明五条天神（现在的西洞院通松原）祈愿时，做了一个灵梦。在天神的灵梦里，理右卫门得到神启，“若是祈愿子孙昌盛，则需在名中加泉字”，于是他称自家吹屋为泉屋。日语里，泉字还有代表金钱的泉货、货泉之意，是个寓意很好的商号。清冽的泉水滚滚涌出为吉祥的象征，况且苏我家还与泉州有着紧密联系。

作为店铺标识的菱形井子方框，是泉的象征，自古就是常用的标识。理右卫门习得了日本人尚且不了解的技术，自然获得了巨大利润，家业蒸蒸日上。此外，他还将此秘法传授给了在大阪经营吹屋，从事金属冶炼的同行，人们对他感恩戴德。

他还涉足铜矿山业，从很早起就开始做铜贸易。丰臣秀赖再建的京都东山的方广寺大佛，还有刻有大阪之战背景铭文“国家安康”的梵钟，其中所需的大量铜，都是理右卫门受命提供的。

理右卫门在宽永十三年六月二十九日他六十五岁时亡故，葬于距高仓通五条不远的净运院，法号元月寿济居士。他的墓是在特设的土台上立了座高一米八余的巨大五轮塔，以显示他作为大实业家的身份。

他的妻子是文殊院的姐姐，两人育有四儿两女。儿子继承家业，从事炼铜业。长子理兵卫做了叔父文殊院的入赘女婿，娶其女，从事炼铜后成为住友家的祖先，即前文所述的友以。

苏我的本家由次子忠兵卫继承。之后，他将吹屋从寺町松原南边迁到二条高仓西边，因此改姓为浅井，到了其子忠右卫门那一代，家业荒废，事业完全被住友家吸收了。

理右卫门的“南蛮吹”在大阪的炼铜业者间广泛流传，为炼铜业的发展作出了巨大贡献。

〔参考书目〕

住友金属矿山株式会社编《住友的历史》（向井友芳）

《泉屋丛考》第一辑、第五辑

平塚正俊：《别子开坑二百五十年史话》

白柳秀湖：《住友物语》

《住友家史垂裕明鉴抄》（抄本）

广濑宰平：《半世物语》

《大阪市史》

宫本又次：《德川时代大阪商工先觉者列传》（《上方》第三十五号）

《生意与商人》

《石城志》

矿山恳话会编《日本矿业发展史》

《明治工业史·矿业篇》

西尾銈次郎：《日本矿业史要》

土屋乔雄：《构筑财阀的人们》

此外，宫本又次的《住友的历史》《住友家训与店则》（《上方的研究》第五卷），也即将出版，请参考。

〔注　释〕

① 支配人：日语中的称谓，相当于商店、公司的经理一职。——译者注

② “须美”在日语中与“住”同音。

第8章

住友友以与友芳

◇ 住友家的成立 ◇

住友家的家祖是政友，业祖是理右卫门。此理右卫门原本就是住友的分支，他娶了嘉休居士政友的姐姐，因此理右卫门也是嘉休政友的姐夫。

加之理右卫门的长子理兵卫入赘做了嘉休居士的女婿，因此继承娘家的事业与商号，另外新立了住友的分家，称作泉屋。

嘉休居士另外还有个叫作庄兵卫政以的儿子，经营一家名为富士屋的书店，这才是住友的本家。

理右卫门的家业由理兵卫的弟弟忠兵卫（改姓为浅井）继承，这就是泉屋苏我家的本家。如此这般，理兵卫友以的分家从家系上看是住友家的分家，但从事业上来说是苏我家的分家。

然而，住友家本家的富士屋后来事业并没有发展壮大，终被分家泉屋吸收了。苏我家的本家泉屋，也家业不振遂荒废，被住友家的泉屋收购。那之后，无论是住友家，还是泉屋，都变成了理兵卫友以家。

◇ 友以的业绩 ◇

友以从京都迁来大阪是在元和九年（1623 年）或是宽永元年（1624 年）。刚开始他只是在大阪设立了一个临时驻地，后来渐渐有了事业基础，才终于在宽永七年正式迁到大阪。友以是从京都三条孙桥町（三条大桥桥东的北面）迁到了大阪淡路町一丁目的西北角，并在内淡路町设有铜精炼处。

在此之前，因为父亲苏我理右卫门已将“南蛮吹”的秘法传授给大阪的同行，所以其子理兵卫友以来到大阪时受到了他们的欢迎与感恩。于是，他自然确立了吹屋本家首领的地位。

友以在大阪经营铜吹屋备受尊敬，于是他除了内淡路町的炼铜处以外，还在鳗谷、京都的东洞院押小路下之町，后来在木屋町三条上之町开设店铺，建炼铜处。友以将娘家的商号就称作泉屋，与父亲理右卫门一起往返于大阪和长崎、平户、博多之间，积极和外国商人开展铜交易。一方面振兴了铜贸易，另一方面友以还进口以生丝布匹为首的砂糖、药材等其他外国商品并销往京都，涉足商业领域。他们以积累的资金为基础，开始向金融业进军。最终，发展到雇用数百人的规模，大阪当时无人可以匹敌。单单看大阪久本寺的五轮塔就可知友以的势力。友以死后，分家小儿子平兵卫友贞甚至加入了大阪十人两替，在其中占有一席之地（住友的两替屋一直经营到宽保元年，即 1741 年）。

承应三年（1654 年），友以以一己之力建造苏我清凉寺的正殿，在京都的木屋町拥有别墅。

前文中也提到，在宽永十五年，妻子文殊院之女亡故，于是友以再娶住友本家富士屋庄兵卫政以之妻龟女。友以在宽文二年（1662 年）五十六岁时亡故。他死后，其遗族于宽文八年新建大阪实相寺的正殿，同年，将其供养于久本寺，建祖师堂，向寺院捐赠。这些都从侧面说明了住友家当时的财力。

宽永年间，锁国制度开始。据说宽永年以前有很多铜贸易商人，到了宽永十五年，只有其中二十三位有特殊许可权的商人经营铜贸易。然而这种说法并不正确，宽永年间，在铜出口被禁止时，向江户请愿解禁并得到承认的有苏我理右卫门之子理兵卫友以、忠兵卫、八兵卫三兄弟，还有金屋长右卫门（叔父），鍮鉐[①]屋与兵卫和太刀屋吉兵卫，钱屋太郎左卫门，共计七人。其中金屋与鍮鉐屋也是泉屋的家系。由此可见，在初期的铜贸易业界，泉屋占了相当大的优势地位。当宽文八年铜贸易再次被禁时，请愿解禁并获认可的七人之中就有三人为泉屋家，便可推测这样的优势地位贯穿了理兵卫友以的一生。

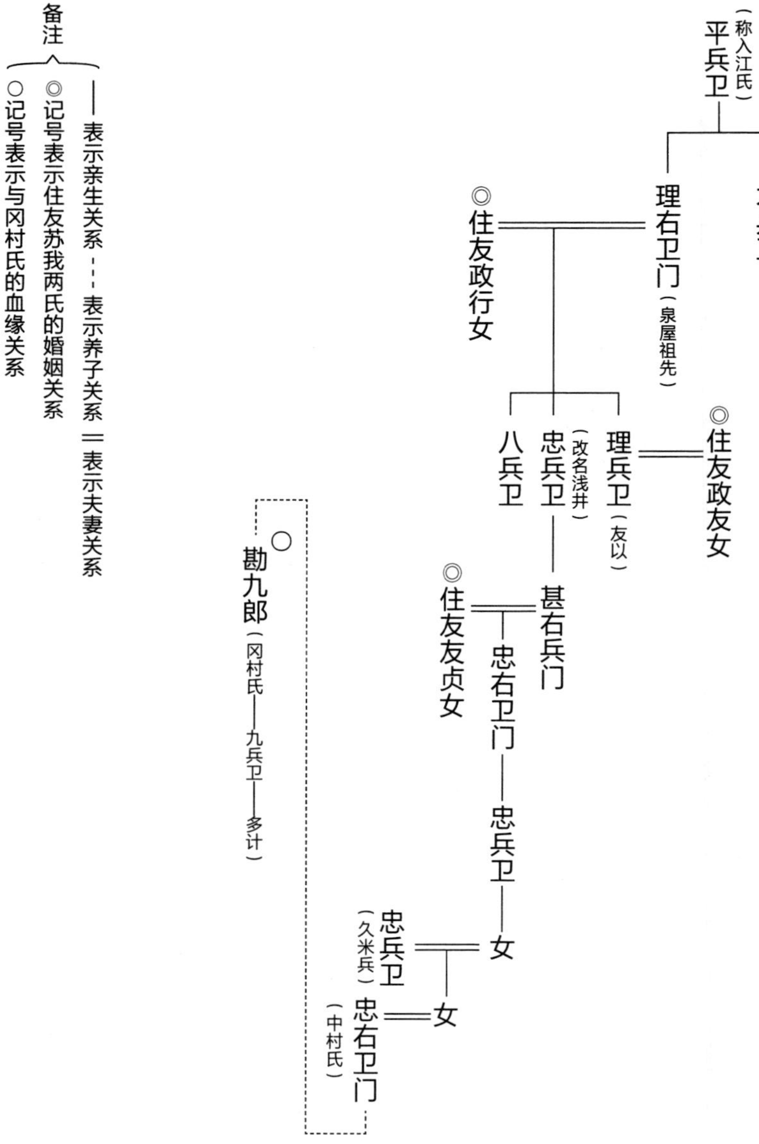
平兵卫（称入江氏）
才兵卫
理右卫门（泉屋祖先）
◎住友政行女
理兵卫（友以）
◎住友政友女
忠兵卫（改名浅井）
八兵卫
甚右兵门
◎住友友贞女
忠右卫门
忠兵卫
女
忠兵卫（久米兵）
女
忠右卫门（中村氏）
○勘九郎（冈村氏—九兵卫—多计）
备注
— 表示亲生关系 - - - 表示养子关系 ＝ 表示夫妻关系
◎记号表示住友苏我两氏的婚姻关系
○记号表示与冈村氏的血缘关系

苏我（浅井）氏系谱图

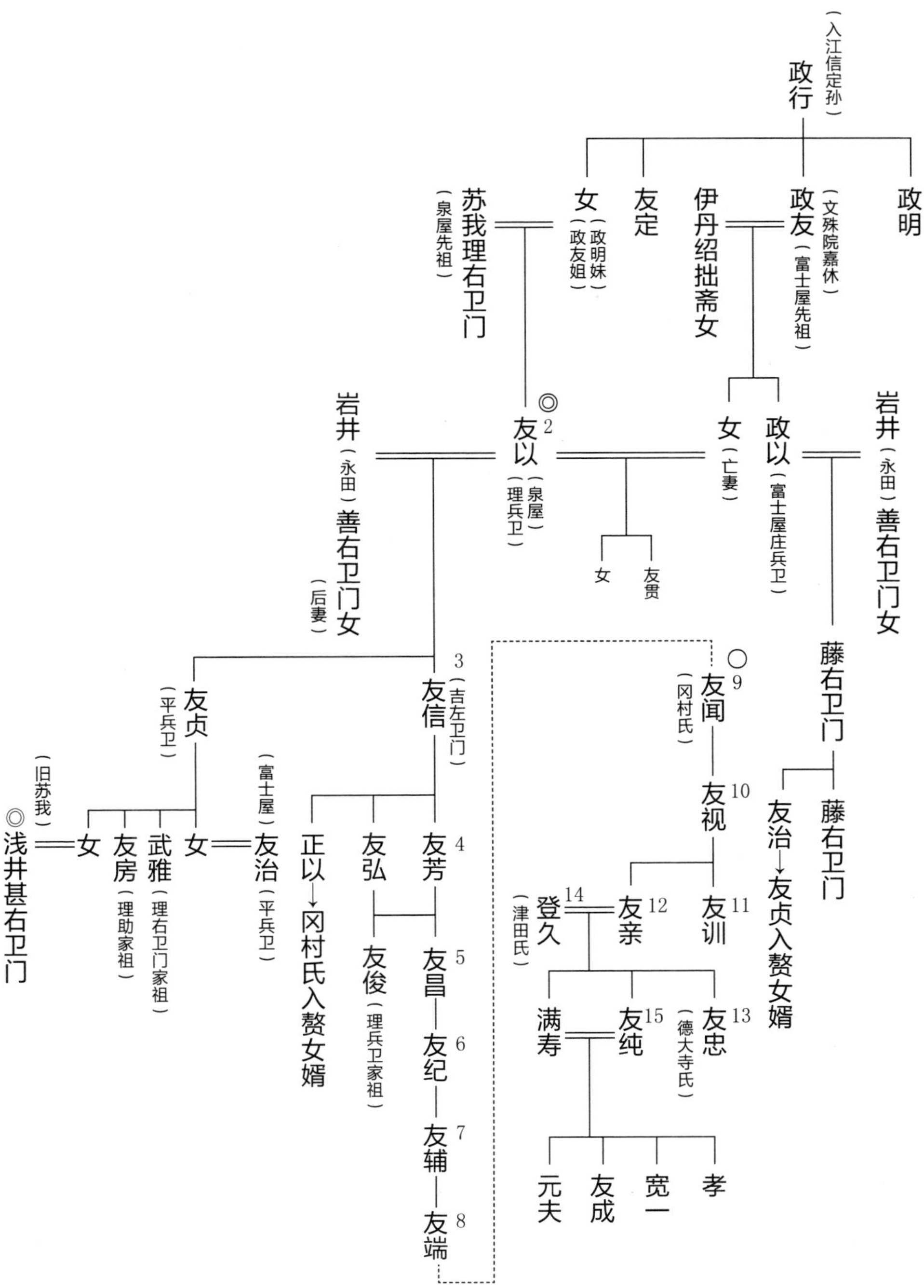

政行（入江信定孙）
政明
政友（文殊院嘉休）（富士屋先祖）
伊丹绍拙斋女
友定
女（政明妹）（政友姐）
苏我理右卫门（泉屋先祖）
政以（富士屋庄兵卫）
女（亡妻）
◎2 友以（泉屋）（理兵卫）
岩井（永田）善右卫门女
岩井（永田）善右卫门女（后妻）
女
友贯
藤右卫门
藤右卫门
友治→友贞入赘女婿
3 友信（吉左卫门）
友贞（平兵卫）
○9 友闻（冈村氏）
10 友视
11 友训
12 友亲
14 登久（津田氏）
13 友忠（德大寺氏）
15 友纯
满寿
元夫
友成
宽一
孝
4 友芳
5 友昌
6 友纪
7 友辅
8 友端
友弘
友俊（理兵卫家祖）
正以→冈村氏入赘女婿
友治（富士屋）（平兵卫）
女
武雅（理右卫门家祖）
友房（理助家祖）
女
◎浅井甚右卫门（旧苏我）

住友氏系谱图

◇ 从铜贸易到铜矿山经营 ◇

宽文二年，友以的家业传给了年仅十六岁的第五子友信。其子这时称吉左卫门，以前在住友家并未见过吉左卫门这个称呼。

住友家家业在这个时期飞速发展。他合并了苏我泉屋家的炼铜和铜贸易生意，集三家事业为一体。与此同时，进口商品的生意也日益兴隆。

但在宽文八年，幕府大量限制了进出口商品。同一时期，奥羽地区的铜矿山发展兴盛，日本的产铜量急速增加。因此，新的从业者不断涌现，竞争加剧。彼时，幕府开始盘查各从业者的来历，于延宝六年（1678年）设立了称为“铜贸易株十六”的十六人股份铜贸易公会，其中有大阪十人，纪州两人，京都、堺、长崎、丰后各一人，大阪作为炼铜业的根据地占据了绝对的优势，在这之中住友家又占据了重中之重的地位。住友家有四人，为全公会的四分之一、大阪的近半数。另外也是因为住友家继承了苏我家的份额。

铜贸易愈发兴盛，贞享年间（1684—1688年）年出口量达到五百万斤。但幕府在贞享二年限制了长崎的贸易额度，中国船交易额不得超过六千贯，荷兰船不得超过三千贯。这期间，有请愿开始从事铜贸易的，也有企图违法出口粗铜的，市场混乱给拥有特权的住友家等组成的公会造成了麻烦。于是，铜贸易公会频繁向幕府说明情况，请愿陈情，住友家自然成了代表。

住友家的矿山产业也在急剧扩大规模。他们在秋田地区着手开发阿仁矿山、尾去泽矿山等，为了便于矿山经营，延宝年初，住友家还特意于江户开设了门店，称为中桥店。

天和元年，住友家开始开采被称为九州地区第一铜矿山的备中吉冈铜矿山，这座铜矿山曾一度在开采后中断，被世人认为是开采难度极大的矿山。接着，住友家又在天和三年进军出羽的幸生铜矿山（后来永松矿山的一部分）。推测他们在长崎设立分店也是这个时期的事。

奥羽的铜矿山中，阿仁矿山包括三枚、槙泽、板木泽、加久地、七十枚等矿山。住友家还出资开发了阿仁矿山中的扇平、天狗平、一之又、萱草、大泽等矿山，还有秋田的西堂、尾去泽的铜矿山。他们与大和田铅山也有关，山形的幸生更是住友家在天和三年至元禄十二年（1683—1699 年）用了十七年时间开采的。

吉冈铜矿山在平安时代（784/794—1192 年）首次被开采，坑道近百处，四处溢水，是座开采难度很大的矿山。作为起死回生之计，住友家实施了一项大工程：开凿近四百米的排水工程。延宝八年向幕府请愿，天和元年二月施工开始，一度陷入资金短缺的境地。元禄四年二月，终于竣工。住友在矿山业成为民间第一的矿业家，资深矿山开发者。

◇ 友信与友芳 ◇

然而，贞享元年，吉冈铜矿山工程还未完成时，分家友贞的店铺由于失误导致承兑资金无法兑换的事故，以致破产。住友友信也受到牵连，家产一落千丈。于是他关掉淡路町的店，移居到鳗谷的炼铜处。第二年，友信在三十九岁的壮年，被迫隐居。不过，这是世人根据吉冈铜矿山开采不顺利推测出来的，事实也未必如此。

友信在让出当家之位后，还在暗中扶持其子友芳并发号施令。纪海音在《友信三十三回忌追悼和歌集》的序文中写过“已故住友友信氏真是大阪之人杰”，可见友信还曾活跃在商界。友信很早便拜在生日堂行风门下学习狂歌[②]，在他二十五岁时，就有三十七首作品被收录到行风与另一人行重所编的狂歌集《后撰夷曲集》中。另外，他还跟随地下派的重镇望月（广泽）长好学习和歌[③]，有许多歌作。贞享二年的祸事并非是他直接造成的，他也只是受到牵连。所以世人普遍认为，友信虽为隐居，但他在友芳一代的家族复兴事业中起到了重要作用。

友信的长子友芳因此变故不得已在十六岁就继承了家业。友芳最早称作友荣，之后才改名友芳。表面上看他在年幼时被迫独自面对家族困境，实则背后有友信在扶持。

友芳继续接手了吉冈铜矿山这样棘手的家业，可知他是个努力实干的年轻人。在这个时期，伊予的别子铜矿山首次被住友家收入囊中，吉冈铜矿山的排水工程也竣工了。住友家在各处经营矿山，为数千人提供了工作。元禄年（1688—1704 年）后期到宝永年（1704—1711 年）间，既是友芳的壮年期，也恰是住友家最兴盛的时期，可见友芳是位杰出的人才。在入江育斋所著的传记《后世之镜》中这样描写友芳：天性敦厚，有孝敬父母、关心手足之德，慈悲为怀，节俭朴素，体恤员工，深得员工钦佩爱戴。

住友家为了产铜业的振兴向幕府出谋划策，在正德至享保年间（1711—1736 年）货币改铸时领头担当了分炼银铜的重要任务。因此可以说，友芳是带领住友家复兴的贤君。不过这也是友信在暗处指导的结果，将友芳作为贤君，未免忽略了友信的伟大功绩。通过友以、友信、友芳三代人的努力，住友家进入了全盛期。

广濑宰平等在自传《半世物语》中，将友信作为“别子矿山鼻祖”。明治三十三年（1900 年），住友家捐献出楠公铜像立于皇居前，其铭文中有“自臣祖先友信开辟伊予别子山铜坑”的字样。可以理解为，友芳被尊为住友家中兴之祖，友信的功劳一时间虽被埋没，却又开始得到了世人的认可。当整体考虑住友家的历史时，应该认为其家业一直发展顺利，在友芳的时代，住友家获得了别子铜矿山的开采权，家业进一步扩大。而友信因为受到牵连使家业一时间败落，仅仅是短期内的现象。

◇ 别子铜矿山的开采 ◇

接下来介绍别子矿山开采的来龙去脉。

伊予的立川铜矿山（后来别子铜矿山的北面半边）由东北横跨西南，沿着山峰几乎就是伊予的边界。北面是新居郡的立川山村（现在的新居滨市），以前为西条藩的领地。南面是宇摩郡别子山村，原来为幕府领地。面向平原的立川山因为开采较为容易，所以历史上就断断续续被开采挖掘过。

然而，在立川铜矿山工作的一人，名叫切上长兵卫，因为立川经营不善而于元禄三年六月来到了吉冈铜矿山。其实他原本就是在吉冈做事，后到立川，得知吉冈的排水工程即将完成，又怀念起吉冈，便重新回到了这里。据说他告诉矿山支配人田向十右卫门（重右卫门），越过立川山峰向南眺望别子时，可以看到似有矿脉的山之景象。

听闻此言，在九月，十右卫门让生于新居滨，当时在吉冈铜矿山烧炭的松右卫门领路，带上了手代原田为右卫门，与作为技术官的治右卫门。他们从备后的鞆乘船横跨伊予的川之江，次日来到代官后藤觉右卫门的宅邸，向官员递交了铜矿调查申请。接着出发去天满村，拜访过村长九兵卫。后一日，他们披荆斩棘进山，历经千辛万苦终于发现了露头的矿脉。试着挖掘后，推测此地采矿可行，便带着矿石回到了大阪给总店鉴定，立刻申请开采这片矿山。

这个长兵卫在来到吉冈以前，曾至少生活流浪于出羽、三河、美浓、越前、若狭、出云、石见、播磨、丰前、丰后、萨摩等十余国，他来到备中后也还曾在白石铜矿山当过矿夫。他四处奔走，依靠长年身为矿夫的经验得以掌握了分辨铜矿山的方法。

另外，在十右卫门看来，吉冈的排水工程没有像预计那样进展顺利。作为打破困局的一个策略，可以联想，在山的一面若是开采出了矿石，那么在相反的另一面也应该能挖出些什么吧。

住友家承包开采的申请书，在经过修正杂税金额之后，于五月九日被批准。在此之前，三岛村有个叫作祇太夫的人，他在十右卫门发现矿山的三年前，也就是贞享四年（1687 年），也在别子山中发现了铜矿。因金子村一个名为源次郎的人强硬要求，他也试着开采了这片区域。但这种没有提交官方申请的开采属于盗掘。这个人在听到住友提出开采申请后，连忙慌慌张张地也提交申请，变成了竞争申请，最后未被批准。

住友之后还有位叫作那须善五郎的人作为担保人，支持尾张留右卫门提出申请。结果也没能与住友家抗衡。

住友家能申请成功，得益于其熟练的技术，以及在铜精炼业与铜贸易业中长期积累的“口碑”，加之曾负责开采了吉冈和幸生两座幕府领下的铜矿山，并还担任了下野的足尾与栗山两座幕府领下铜矿山所产铜的外国出口业务。凭借这样的实力，别子的开采权自然被住友家收入囊中。

◇ 只要铜矿山在一日…… ◇

住友家获得开采权的条件是，从六月开始的五年间，产铜的三分之一作为税金，再每月兑换成银子上交。此外，作为每个月的固定费用，一年共需缴纳金五十两。炭窑的杂税为每十处一年银三十枚（约三千八百克），每月缴纳。

五月九日采矿被批准，日向十右卫门为主管事，助手杉本助七为副手，做了诸多准备。从天满浦开始十三里路，在山脚到矿山所在处的九里多路之间，砍倒树木，移走岩石，架上梯子，历经千辛万苦建造了一条通行路。终于在八月得以进山，闰八月一日也就是阳历九月二十二日开挖。十月开始烧炭，十月十二日也就是阳历的十二月一日开始炼铜。到这一年的十二月三十一日为止，产出了五千一百二十二贯九百目，也就是约三万两千一十八斤的铜。十右卫门开辟了矿山，待一切走上正轨以后，他带着助七回到了吉冈。助七成为别子采矿的管理人。

别子铜矿山的开采为年度承包制，这种制度容易引发局部过度开采。但住友家避免了如此情况，着眼于整座山，下了功夫踏踏实实做事，制订了持续性开采的计划。显示出作为企业家的住友家的卓越之处。

产铜量在五年内达六十万斤，并急速增加。第八年超过百万，产出一百零九万五千六百多斤。第十年突破了两百万斤，达到二百二十四万五千六百多斤。第十一年，为二百五十三万五千一百七十一斤。第十二年虽有风水灾害，产铜量仍旧达到二百五十三万四千四百四十余斤，此为明治年以前别子铜山年产额的最高纪录。如此盛况在世间广为流传，大阪的岩井半四郎还以此题材创作出了《予州银箱白鼠》《别子长者三番续》的戏剧。

凭借这样的功劳，开山的十右卫门和负责开采的矿师助七被提拔到住友的分家。但在元禄七年夏，别子山意外发生火灾，支配人助七及他带领的一百三十二人全部不幸殉职，整个别子山都变成了一片废墟。

这个时候，十右卫门正巧从吉冈来到大阪，他片刻不停赶往矿山，着手复兴工程。因此，这一年的产铜量才得以达到九十二万三千余斤，超过前一年十万多斤，保持了年年增产的业绩。友信彼时虽已是隐居之中，却为了表彰十右卫门的功绩，留下话来，“只要铜矿山在一日，就不能舍弃他们家族的子子孙孙”。

别子山虽然多矿石，但也多发天灾。除元禄七年的火灾、六年与八年的重大风灾水灾之外，几乎每年或是隔年都会有大小风灾水灾。而且矿山位于深山中，货物长途运输也困难重重。元禄九年，五年的开采期限到期。住友家提交续期的申请时，曾有代官向幕府进言，家底不够雄厚或是对矿山不够了解的家族，就算是承包下矿山开采也难以为继。于是，住友家凭借实力继续开采别子矿山。

◇ 幕府铜矿山的振兴与住友 ◇

上述元禄七年，别子山发生意外火灾时，为了减弱火势，曾在野火燃烧过来的对面方向，即立川方向点火，助七等人就为两边火势所包围而遇难。相传殉职的是杉本勘七郎，但在实相寺的别子铜矿山遇难者碑上可以确定是助七而非勘七郎。还有传说这次火灾是立川铜矿山的开采者大坂屋久左卫门因怨恨而放的火。但大坂屋久左卫门是在后来的享保十二年十月承包开采立川铜矿山的，火灾发生时他尚为金子村的承包者。因此，大坂屋煽动矿夫中的亡命之徒放火的说法不可信。

在菩提寺实相寺中立有遇难者纪念碑，泉屋家将其与祖先灵位一起供奉在坛上，如此厚待下人的家风令人敬慕。

别子山被开采了九年后，在元禄十二年时终于达到了极限。坑道有七处，每个坑道都在溢水，排水工程花费巨大。随着进一步开采，耗资越来越多。矿山附近可用来做坑木的木材与烧炭用的木材也已用尽，采取新措施迫在眉睫。

元禄十二年后，产铜量日渐减少。住友家根据持续性开采的方针，以五千二百两为预算新制订了六年开采计划。开始了五百六十多米的排水渠建造工程，并将开采承包的期限往后延长了六年。这个大排水工程并未得到补助金，住友家自己承担了全部费用。

幕府在元禄十年承诺向中国、荷兰两国出口八百九十万两千斤铜，却未能实现约定，从这个时候开始，日本产铜量减少。为了让铜出口业顺利发展，元禄十四年，在大阪，以临时银座的形式新设立了铸铜的铜座，并且直接听取了铜吹屋的意见。依据铜座主管、银座年寄中村九郎右卫门的提议，招来了泉屋与大坂屋，因为泉屋吉左卫门熟悉别子铜矿山的开采业务，而大坂屋久左卫门在秋田有过管理矿山开采的经验。

友芳对于去江户一事，在和隐居中的友信详细商议过后，与总店的支配人五兵卫，别子铜矿山的支配人金右卫门三人，于元禄十五年一月来到江户，会见勘定奉行④荻原近江守重秀，提出意见书。

本次会见中，询问的内容主要为增加铜矿山产量的方法，特别是吉冈铜矿山的复兴策略等。友芳陈述了排水工程的艰难，并表明复兴铜矿山的任务难以完成，但迫于幕府的施压，他还是接受了。不过借此机会，他提出了一直无法解决的别子铜矿山供米问题，并得到了妥善处理。也就是说，住友家在获得别子、吉冈两座铜矿山的开采贷款金一万两的同时，还从西国筋，也就是九州地方的幕府直辖地，以十个月后付款的交易条件购入大米六千石。幕府于元禄十五年三月批准了这些条件。

这次的一万两贷款以及粮米六千石是住友家首次从幕府获得的补助。那时的通告书中有以下内容：

第一，予州备中铜矿山借款一万两，米六千石十月后付款之事，可依所愿。

第二，粮米购入需向西国筋的任职代官言明，其在职期间，相关诸事皆可商议。

第三，贷款一万两需向江户御用金库请款。

第四，利用西条领内道路运输一事已向左京殿（西条藩主松平赖纯）下令，可期顺利解决。

第五，向一柳殿收购杂木之事可向权之丞殿（津根八日市一柳直增）言明。

第六，别子铜矿山的开采以年度为期申请更新之事，可依所愿给免。

◇ 友芳的手腕 ◇

以上文的交换条件，住友家开始重新经营吉冈铜矿山，可以说友芳善于巧妙利用一切机会，既获得了贷款资金，又解决了粮米短缺问题，此外还使幕府如其所愿同意了住友家对别子山的“永久开采”。

住友家还请求颁布“永久开采”的公文，获原勘定奉行以“既是我亲自传达的公文，自然不会有错”为由并没有下发公文。住友家负责开采的吉冈铜山，也因其不断请愿得以圆满撤离（正德五年）。而且贷款一万两也只归还了五千两就敷衍过去。这不得不让人感叹友芳的手腕之高明。

此外，友芳还请愿了关于运送产铜、铜矿山用银，以及确保工人等事项，大都得到了批准。铜矿海运时，住友家还被允许使用“日之丸”的船舶标志。

虽然吉冈的排水工程没有成功，最终封山，但别子山获得了永久采矿权，十年为期的低价购米制度也得以延期到幕府末期。他们还在新居滨开设了新的运输路线，使开采作业进展更加顺利。

与别子山相连的是立川铜矿山，为金子村的真锅弥市右卫门所承包。但在元禄八年，立川铜矿山的采掘作业进展到别子山的一侧来了。立川本属西条藩的领地，因真锅等人开采矿山没能取得好业绩，西条藩发怒，于是在元禄十二、十三年，委托住友进行矿山的开采。但两座相邻的铜矿山所属领主不同，要是一人承包开采的话，由于开采的铜矿来源不明，会对缴税产生影响。故幕府没有批准住友开采立川铜矿山。元禄十四年，立川开采权交于京都铸币所的公会“钱座仲间”。

元禄十五年，友芳在江户回答幕府询问时提出了希望得到立川开采权，但当时幕府正准备将立川铜矿山归为幕府直辖领地，所以此事被搁置。宽永元年八月，立川终于成为幕府领地。但友芳的愿望却在钱座仲间的反对下没了下文。友芳死后的享保十二年，大坂屋终于代替钱座仲间，得到了立川的开采权。所以友芳生前终究没能看到别子矿山与立川矿山的合并。

◇ 炼铜业和铜贸易 ◇

元禄八年，幕府为了解决财政困境，采用勘定奉行荻原重秀的建议，改铸货币。金银货币质量低下，以致于外国商人在进行铜买卖时，宁愿用现货交易。前文中也提到，自元禄十年起，幕府规定每年出口八百九十万两千斤的铜，加少许海产品。与此同时，等值的商品得以进口。每年出口的这些铜就是所谓的出口御用铜。

这个时期，日本成为世界第一的产铜大国。别子铜矿山的年产量在当时达到了二百二十四万斤到二百五十三万斤的规模，超过了贞享年间的足尾铜矿山产量。御用铜自元禄十一年起在幕府设置的长崎会所开始交易。元禄十四年，为了使铜出口贸易进展更加顺利，在大阪的石町，以江户银座分所的形式设立了铜座。

关于大阪的银座，黑羽兵治郎博士的研究在某种程度上已将原委梳理清楚。庆长三年（1598 年）十二月，家康将泉州堺的町人汤浅作兵卫常是招至伏见，令其铸造银币。庆长六年六月，根据大津代官末吉勘兵卫的建议，重新改定银的比例，铸造丁银、豆板银，并将之前的银币铸造所改为银座。之后，庆长十一年，在骏河也开设了银座。庆长十三年，将伏见的银座迁移至京都。庆长十七年，将骏河的银座迁至江户京桥的南边。庆长十九年，在长崎开设银座。伏见银座迁到东京的同一年，即庆长十三年，大阪也开设了银座，之后一直延续到幕府末期。

《国花万叶记》中记载，“银座，高丽桥内两替町，富与次兵卫于此”，延享五年版的《改正增补难波丸纲目》中也可见，“银座，会所内两替町，富与次兵卫于此，年寄与官员每月交替执勤”。内两替町就在上町之中，高丽桥东头与天神桥筋之间。

铜座最初是银座的分所，这里聚集了以住友为首的铜吹屋，由幕府统一管理。铜座经营铜的收货、精炼、贸易等业务，但并未取得预期的成效。十二年后，正德二年，好不容易设立的铜座被废止了。同时，自由贸易恢复。但今时不同往日，这时国内的铜价超过了国际价格，海外商贸中铜价格再也不占优势。幕府以提供补助金为条件鼓励这些铜吹屋开展铜贸易，铜吹屋有一直处于铜座管理之下以住友家为首的十六家炼铜所，新加上大坂屋的分家，总计十七处。于是铜贸易成为大阪铜吹屋的兼营业务，炼铜业与铜贸易成为只有大阪才有的特殊行业。

正德四年之后,对元禄年开始流通的劣质货币的改铸开始了。首先需要提炼旧币，幕府命住友为首的四家大吹屋担任铜吹屋的组头之位。先是大坂屋久左卫门和丸铜屋次郎兵卫二人于四月奔赴江户，在浅草诹访町的吹所熔炼元禄至宝永年间的四宝银[5]。经过一段时间试验，同年九月，幕府又以友芳为首，派出大坂屋久左卫门、大塚屋甚右卫门、丸铜屋次郎兵卫四人。组头一人，普通吹屋一人，元缔[6]二人，手代三十人，手工艺人工人等共计一百七十余人为一组，交替换班。此时的产量为，一个月熔炼宝永三宝银和四宝银的一千两、三百贯。改铸前前后后共花费了三年时间。

友芳考虑到利用率与百姓便利，认为事到如今再用刚开采出来的含银粗铜去铸造国内通用的铜钱，浪费了铜矿中有用的银。他在正德四十年十月呈上意见书表明了此意，彼时他受勘定奉行的水野因幡守之命，在京都建立吹所，恰逢吹所建成。

友芳是位杰出的人物。温厚笃实，慈悲为怀，坚守原则。他有怜悯爱人之心，尤其善待家仆，常与下人们同喜同悲。一直以勤俭朴素持家，教导弟子戒奢侈，吃饭穿衣更是只要不挨饿受冻就行。官吏向他询问矿山诸事，他回答时先以百姓利益为重，私利为后，观点辩论条理清晰。住友家家运也因此才得以繁盛长久。

享保四年十二月二十六日，友芳在其五十岁时过世。第二年正月，长子友昌当家，继承了家业。

◇ 住友家历代 ◇

延享四年，住友家请愿接手大坂屋的立川，终于获得了别子立川两山。但以一家之名承包幕府领下的两座铜矿山，遭受了幕府的刁难。于是，江户浅草店的手代美坂杢兵卫作为承包人，家主友昌的弟弟理兵卫友俊作为保证人，终于在宽延二年（1749 年）获得了幕府的开采批准。这个理兵卫友俊已自立分家，并继承先祖姓改名为入江，号育斋，是在怀德堂⑦学习过的学者，那个元朱庵里有名的契冲阿阇梨之碑就是他立的。友俊师从契冲弟子之一纪海音（契因），习得契冲学风。

宝历二年（1752 年），承包人杢兵卫死去，于是承包者名义转为理兵卫独自一人。到了宝历十二年，这两座山无论在名义上还是实际上都已归为住友家。但别子、立川两座铜矿山的经营一直困难重重，宝历十二年以后，在文化、文政、天保、安政、万延、文久等时期（1804—1864年）前后十几次产量达到百万斤，大多数时候在八十万斤左右。

此处为了方便理解，将住友家历代家督记于下：

住友家	家谱	住友氏的祖先为世代武家，宽永年间，从小次郎政友的一代开始从商。此为住友家祖先。
第一代	政友	俗称小次郎，住友若狭守政俊之子住友权左卫门尉政行的第二子。承应元年八月十五日亡，享年六十八（富士屋的祖先）。
第二代	友以	俗称理兵卫，苏我理右卫门之子，第一代政友的养子。宽文二年四月二十五日亡，享年六十。
第三代	友信	幼名熊之助，俗称吉左卫门，第二代友以的第五子。宝永三年八月十七日亡，享年六十。
第四代	友芳	幼名千代之助，俗称吉右卫门，或吉左卫门，第三代友信的长子。享保四年十二月二十六日亡，享年五十。

第五代　友昌　幼名万太郎，俗称吉左卫门，第四代友芳的长子。宝历八年十二月二十日亡，享年五十四。

第六代　友纪　幼名善三郎，后来改为大之助，俗称权左卫门，之后改吉左卫门，第五代友昌的庶子。文化十三年十二月二十二日亡，享年七十六。

第七代　友辅　幼名几之助，之后改安之丞，俗称万次郎，之后改万十郎，第六代友纪的庶子。文化元年十一月七日亡，享年四十一。

第八代　友端　幼名丑之助，俗称吉次郎，第七代友辅的庶子。文化四年七月二十日亡，年二十。

第九代　友闻　幼名盛之丞，俗称吉次郎，之后改甚兵卫，今桥常陆介的次子，母亲为冈村氏，之后成为冈村直亮的养子，文化四年继承住友家。嘉永六年六月十日亡，享年六十七。

第十代　友视　幼名万太郎，俗称吉次郎，第九代友闻的长子。安政四年六月三日亡，享年五十。

第十一代　友训　幼名盛六，之后改万藏，俗称吉次郎，第十代友视的第三子。元治元年十一月二十二日亡，年二十四。

第十二代　友亲　幼名卯之助，俗称吉左卫门，第十代友视的第四子。明治二十三年十一月二十三日亡，享年四十八。

第十三代　友忠　幼名芳之助，俗称吉左卫门，第十二代友亲的次子。明治二十三年十一月三十日亡，年十九。

第十四代　登久　津田休兵卫之女，庆应三年，嫁给第十二代友亲。前代友忠亡后，由于没有嗣子，登久继承家督之位。明治三十二年七月二日亡，享年五十一。

第十五代　友纯　幼名隆麿，俗称吉左卫门，从一位德大寺公纪的第六子。明治二十五年，成为前代登久的养子，娶其女满寿，于明治二十六年继承家业。号春翠。明治四十四年八月，为男爵。大正十五年三月二日亡，享年六十三。

第十六代　友成　幼名厚，友纯的第三子。大正十五年，继承家业。

（各家主未必都称吉左卫门。比如第二代家主友以称理兵卫，第七代家主友辅称万次郎，第八代家主友端、第九代家主友闻、第十代家主友视、第十一代家主友训称吉次郎，第九代家主友闻后改称甚兵卫。）

◇ 铜座与住友 ◇

如上文所述，在大阪开设的铜座于正德二年废止了。宝永以后，国内的铜产量不断减少。因无法提供与进口货物等价的铜而走投无路的幕府，在元文三年（1738 年）四月，又重新在大阪以临时银座的形式开设了铜座，并向诸藩国的铜矿山发令，禁止铜的自由贸易，全部产铜都要运到铜座。运到铜座的铜经由铜座官员之手，回送到长崎会所，作为御用铜用来与中国、荷兰进行对外贸易。

宝历四年，全国的铜出口量仅有三百一十万斤，别子、立川两座铜矿山产出的御用铜达七十二万斤，占总量的四分之一。四分之一的供应比例是大阪铜座在元文三年规定的，一直沿用到幕府末期。住友曾以矿山内充水为由申请减少供铜量，但并未得到幕府同意。因此，住友的产铜几乎全用作御用铜，供应给国内的铜很少。

元文三年作为临时银座开设的铜座，在宽延三年被废止，新设长崎铜会所。由长崎会所派出官员来到大阪集中采购铜。但在明和三年（1766 年），幕府在大阪重新开设了铜座，文久二年，在长崎、江户设立分座。一直到维新时，铜座的管理权被交于新政府。明治元年四月，铜座成为铜会所，七月改名为矿山局。从那之后，铜的精炼与贸易便再不受管制。

明和三年开设的铜座，管理权虽属于勘定奉行、长崎奉行、大阪町奉行，但实际上是借长崎会所官员以及当地官员之名，由大阪商人组织起来的。

铜座的主要工作是通过大阪的问屋购买诸藩国铜矿山出产的所有粗铜。经由铜吹屋的同业公会精炼，产出的铜锭回送到长崎，剩下的在民间出售。原本在民间出售的铜会先由吹屋和中间商定价。但到了宽政九年（1468 年），铜座开始直接进行铜交易，那时实施投标竞价。

铜座位于过书町井池筋的东南角（北滨三丁目，现在爱珠幼儿园的所在地），是长崎派遣过来的官员的逗留地，这里也承办海运诸事。市场上的铜商人全部聚集于此，制定铜价，大门外还有牌子公开当时的行情。

为了防止铜的私下交易，铜座甚至还管理旧铜钱、非出口铜、铜器具的碎片，另外也管理给铜矿山发放的补助金。此外，铜座还会用同样的方式进行黄铜、铅的精炼与买卖。

幕府对铜座的粗铜收购以及精铜出售实施垄断定价，一方面确保了对外贸易所需的铜，并且能通过长崎会所收取巨额税金。但另一方面，也使得诸藩国的矿山工人们生活穷困。

幕府的介入，使得铜吹屋失去初期的独立地位，变成了属于铜座的工厂。住友家在所有铜吹屋中最具实力。

鳗谷的住友铜吹屋，成了荷兰商馆长去往江户参勤途中必去之地，从元文年到安政年，其访问多达五十余次。文政九年五月，西博尔德[8]经过书町的铜座去拜访东西两町奉行所时，也来到住友的铜吹屋参观，受到铜吹屋的款待，在临走时还获赠了插图本的《鼓铜图录》。

◇ 幕末时期的住友 ◇

友昌过世后，在宝历九年二月，其庶子友纪继承了家业。但他似乎未能与叔父理兵卫处理好关系。庶出的友纪无法压制老谋深算的叔父，这对叔侄的权力之争导致了家业发展停滞。友纪之后，当家家督经高次郎友辅、吉次郎友端，到其养子甚兵卫友闻（从住友亲戚的京都冈村氏过继而来），这个时候，别子铜矿山的开采工程终于进行到了水平线以下。

无论哪个矿山都逃不过“远町深铺”的宿命。“远町”指不断砍伐山中树木用作柴木、坑木，能够利用的树木距离采矿处越来越远。“深铺”指的是坑道越深，采矿所花费的附加费用就会越来越多。坑道深便会充水，排水工程之艰辛，最终可能会使整个矿山被废弃。

别子山的排水工程也历经险阻。文政年间，为了排水请来过赞岐高松藩有名的物理学家，开地奉行的久米荣左卫门。安政年间，从位于长崎出岛的荷兰商馆引进了排水器具（水泵）。但都未有显著成效。与此同时，由于旧币改革，诸事从俭，别子山矿工的薪金被削减。在屡次向幕府请求援助之后，幕府以维持铜交易为条件发放补助金，并提升铜价，住友家好不容易才渡过了难关。

此外，幕末期物价高涨，虽然低价购米制度延续，但市面上流通的粮米价格受行情影响高涨，铜价却被压低，无法进行自由贸易。

经历了别子山产铜萧条的艰苦时期，住友家意识到不能只依赖一座铜矿山。现在在住友家的书架上还收藏着《宝山》《诸国铜山鉴别备录》这样的报告记录。

《宝山》记载的是对宝永末年至元文五年间（1711—1740年）山城到对马的六十六个藩国的五百余处金、银、铜、铅、锡矿山的实地考察记录和探听到的消息旧闻。《诸国铜山鉴别备录》是在铜座恢复的元文三年的次年开始编撰，到文政十三年才完成的记录，其中记载了二十六个藩国三百余处铜矿山。此书中有住友自己调查的内容，也有受铜座、幕府的代官所、诸位大名、庄屋、百姓所托而调查的内容。

文化八年，为了奖励住友家多年的功绩，幕府赐予其“铜山御用达”的名号，并允其可在正式场合称住友之名。从那之后，住友家以探查诸国铜矿山为己任，愈发积极地开展调查工作。

作为民间的一介矿业家，自 18 世纪初开始的一百二十年间，著两书，共探查七百四五十座矿山（包括根据记录传闻调查的三百四五十座和实地调查的四百座），放观世界范围内这都是史无前例的。况且其中有约三十处都是泉屋开采过的矿山，可见其开采范围之广、规模之大。铜矿山萧条时期其所做的努力也可见一斑。

临近幕府末期，幕府因财政困难频繁征收御用金，住友家也深受压迫。以田安、一桥、清水此三卿为主要客户，加上诸藩国藏元、挂屋，住友家重新开始经营一度中断的两替业务。除幕府御用铜供应困难以外，怎样处理与武家之间的关系也让住友家为难。

甚兵卫友闻隐退之后，其子吉次郎友视继承家业。在支配人鹰藁源兵卫的辅佐下，大刀阔斧改革家政，崇尚节约，试图恢复家运。但衰退之势无法挽回，吉次郎也于安政四年六月亡故了。这时，住友家在财产排行上不占据前位，也是情有可原。

友视之后，其子友训继承家业，元治元年亡故，并无嗣子。友训的亲生弟弟吉左卫门友亲原是去浅田家做了养子，这时候便恢复原来的户籍回到住友家，于庆应元年四月继承家业。

友亲回到住友家一事，由管理矿山一方的清水惣右卫门向浅田家再三恳谈才促成，他背后的策划之人是广濑仪右卫门（宰平），此人在友亲回到住友家后，成为别子的总支配人。

反观三井家，八郎兵卫高利，其子高平在元禄年间奠定家业基础之后，便再没有出现值得大书特书的人物。住友家也一样，友次、友信、友芳之后，再没有杰出的大人物出现。但三井家在幕末、维新时期的转换期出现了三野村利左卫门这样杰出的番头，住友家也出现了广濑宰平这样的大番头。

这两人都是在风卷云涌的幕末到明治期，为主家出谋划策，救家业于危难之中，并帮助两家奠定了后来成长为大财阀的基础。他们都是拥有进步思想的先进人物，在时势变换之际推动近代化改革，同时还具备政治商人的特性。

广濑宰平在文政十一年五月五日出生于江州野洲郡八夫村北胁家，十一岁开始侍奉于住友家。安政二年，他于二十八岁之际在家主住友吉次郎的推举下成为广濑仪右卫门的养子。三十九岁时被提拔为别子铜矿山的总支配人。他协助主家渡过了维新的危难时期，还顺利处理了庆应元年买请米（贷下米）中止的风波。

庆应四年正月，鸟羽、伏见之战时，土州藩兵士攻陷高松和松山两城，藩士的川田小一郎率领一队士兵扣押别子铜矿山。但只过了一夜，广濑宰平就使他承认了别子为住友家所有的家业，并非幕府直属经营。随后两人同行前往大阪，以土州藩主之名向太政官呈上请愿书，明治元年四月，太政官下达通知，允许别子铜矿山暂时继续经营。

然而，由于铜座废止，前一年上交的铜未能得到支付款，用产铜来支付买请米的便利的方法也没有了，加上铜的兜售造成行情下跌，给诸大名贷款的本金也无法回收，与之息息相关的藩札⑨更是暴跌。这个时期，大阪的豪商濒临破产，住友家也处境艰难。为了支付别子铜矿山的用人经费，住友家还向名为钱佐的两替店抵押家传的家什器具，变现成一千两来解一时之需。

旧铜座的官员小山雄右卫门还曾从中斡旋，想以十万元卖掉别子铜矿山。在广濑宰平的反对之下，别子山保留了下来。后来，别子铜矿山在广濑宰平的带领下走上了近代化发展之路，其明治以后的情况本书暂不介绍。

〔参考书目〕

土屋乔雄：《构筑财阀的人们》

平塚正俊：《别子开坑二百五十年史话》

佐古庆三：《住友友芳传》（《大大坂》第十二卷第四号）

《住友家史垂裕明鉴抄》（抄本）

《鼓铜图录》

《石城志》

广濑宰平：《半世物语》

广濑满正：《宰平遗绩》

白柳秀湖：《住友物语》

《大阪市史》

木村敬二郎：《大阪访碑录》

《幕府时代的长崎》

《南北堀江志》

《崎阳群谈》

《长崎年表》

《泉屋丛考》第七辑、第八辑

《浪花白事谈》（《新燕石十种》第一）

今井贯一：《西博尔德参观的大阪铜吹所》（《上方》第三十五号）

宫本又次：《住友吉左卫门友芳》（《上方》第三十五号）、《住友友芳》（《经济史研究》第二十五卷第三号）

《大阪名家略系》（抄本）

黑羽兵治郎：《近世的大阪》

竹安繁治：《入江友俊私记》（《历史》第九号）

宫本又次：《住友的历史》（《上方的研究》第五卷）

住友金属矿山株式会社编，向井芳彦：《住友的历史》

《住友银行史》

《大阪与住友》（《新住友大楼竣工纪念》川崎英太郎氏稿）

矿山恳话会编《日本矿业发达史》

西尾銈次郎：《日本矿业史要》

〔注　释〕

① 鍮鉐：即黄铜。

② 狂歌：日本古典文学样式之一，属狂体的和歌，在构思和遣词上着意追求滑稽和诙谑，基本形式为短歌。——译者注

③ 和歌：一种日本传统韵文，盛行于平安时代。今则专称节奏为五、七、五、七、七共三十一音的短歌形态之抒情诗。——译者注

④ 勘定奉行：江户幕府的要职。幕府、各藩国金钱出纳的最高责任人，管理财政与幕府直辖领地。

⑤ 四宝银：江户幕府正德元年到正德二年铸造的丁银和豆板银，表面印有四个“宝”字印。

⑥ 元缔：总管。

⑦ 怀德堂：江户中期大阪商人设立的学问所，教育机构。

⑧ 西博尔德：菲利普·弗朗兹·冯·西博尔德（1796—1866），德国医生、植物学家、旅行家。江户时代后期来到日本，1832 年任驻日本的荷兰商馆医官，后被指为间谍并驱逐，1859 年作为外交官再次来到日本，被称为 19 世纪“日本学之父”。——译者注

⑨ 藩札：江户时代各藩国独自发行的纸币。

第9章

三井殊法与高利、高平

◇ 道长的后裔 ◇

据说三井家的祖先是御堂关白藤原道长。道长的第六子为长家，长家五代之后有位称为右马助信生的人物。他移居到近江国，称三井氏，在元久元年（1204 年）过世。推测他应该是作为官家之后，任职地方官，然后在当地定居，成为当地的豪族。

信生后的第十五代，室町时代（1336—1573 年）中期，出现了一个叫出羽守承定的人，他没有亲生儿子，便收近江国观音寺城主佐佐木六角满纲的第六子六郎高久为养子。高久不久后成为佐佐木氏七将之一，在近江国鲶江筑城居住。之后，信长进攻诸大名时，佐佐木氏灭亡，其分支的三井高久之后三井越后守高安也离开近江逃到伊势国松阪。

高安定居在伊势松阪，到了其子高俊这一代，放弃武士身份从商。高俊俗称则兵卫，天正年间在伊势出生，庆长七年（1602 年）娶了丹生的豪族永井左兵卫之女。他住在松阪的本町，经营当铺，也做酒、味噌的买卖。然而，高俊因是武士出身，不善经商，整日沉迷于游艺，生意方面实际上是他的妻子（名不详，后来出家，法号殊法）一手打理。世人称其店铺为“越后殿的酒屋”，这是因为其父高安为越后守。这也成为后来三井“越后屋”商号的由来。

后来，高俊的妹妹嫁给担任伊豆藏方[①]的铃木甚兵卫，第二个妹妹也嫁过去当了后妻，高俊还与丹生的永井家结亲，从这些事可以推断，当时的三井家应该已经是有相当规模的豪族了。更何况，经营当铺与酿酒业都需要雄厚的资本支撑。

◇ 殊法的经商之道 ◇

殊法同为伊势国多气郡丹生出身。丹生为神宫寺的所在地，在中世纪是当时最大的水银产地，繁盛时期是人口达两万的门前町[②]兼商业大都市。这里和射和一样，优秀的伊势商人辈出。永井家是丹生地区数一数二的豪族，生在这个家族的殊法更是一位有商业才略的贤夫人。

殊法在四十四岁的中年，因丈夫亡故而成为孀妇。她的娘家永井家当时被称为梅屋（角屋），是为伊势国守（司）北畠家处理金银粮米诸事的御用商人。有娘家这样的势力支持，殊法的经商之道备受瞩目。根据殊法的孙辈（高治）所著《生意记》中所写，“她年轻时就有商业头脑，节俭，不浪费，由古至今都是难得一见的奇女子”，《家传记》里也有，“此人身为女子却以因生意买卖赢得声誉，没有人能与她匹敌”。殊法应该是以借贷与典当业务为主，酿酒买卖为辅。其借贷与典当业务利息比同行低很多，以此能不断招揽顾客。

殊法还很擅长处理过期的当物，并在自家店里出售酒、味噌之类的商品，她善于言辞，请客人喝茶抽烟，招待客人吃饭，服务极好。

到了参拜寺院的时节，路上经常会有丢弃的旧草鞋和用旧了的绳头。殊法让女仆捡起来，放在附近的熟人家中，做成筑墙的材料。还把女人扎发髻的细绳头捡起来做成纸捻。将和纸[③]中夹的粗制麦秸纸回收起来，用作分开油炸物的控油纸。或是将漏了底的研钵用作房屋的雨水管，或是将底破了的舀水勺子用来当茶壶的垫子。据说她是从来不扔东西的人。

殊法彻底坚持废物再利用，节俭、勤勉也非常人能比，她晚年在隆冬天气也坚持每天清晨四点起床，沐浴，向神佛祈祷。她在当地享有盛誉，三井家事业发展的根基也得以建立。她的孩子们每日在母亲身边耳濡目染，一边学习母亲的经商方式，一边长大成人。

天正十六年（1588 年），近江日野的豪族蒲生氏乡来到伊势的松阪筑城，这里成为城下町[④]。蒲生氏乡从伊势一志郡的松之岛城移居到此。与此同时，特权商人伊豆藏、云出藏、射和藏、镰田藏、下藏等经营仓库的藏方之家也移居到此，成为城里有势力的商家。蒲生氏本就是近江出身，这样一来，移居到松阪的多

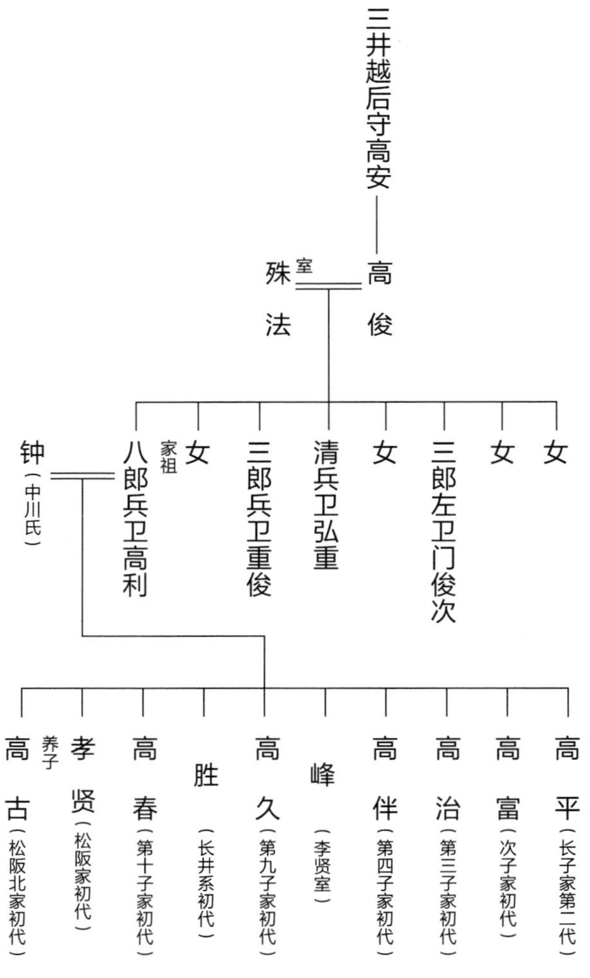
三井越后守高安
高俊
室
殊法
家祖
八郎兵卫高利
女
三郎兵卫重俊
清兵卫弘重
女
三郎左卫门俊次
女
女
钟（中川氏）
高平（长子家第二代）
高富（次子家初代）
高治（第三子家初代）
高伴（第四子家初代）
峰（李贤室）
高久（第九子家初代）
胜（长井系初代）
高春（第十子家初代）
养子
孝贤（松阪家初代）
高古（松阪北家初代）

三井家系谱图

为近江特别是日野町出身的商人。

松阪位于南伊势极佳的地理位置，靠近良港大凑，海上交通便利，并位于参拜神宫的路途中，有重要的商业价值。松阪周边从很早就开始种植和出产棉花，伊势商人将这些商品运到江户贩卖。这一带的商人们有很多都在江户拥有店铺，称作“江户店持”。

殊法的孩子们就在这样的环境中长大了。

◇ 高利和他的兄弟 ◇

三井高俊、殊法夫妻育有四男四女。长子三郎左卫门俊次是最早进军江户的，在江户的本町四丁目开了间杂货店，之后经营吴服生意，买卖兴隆。第二子清兵卫弘重到别家做了养子。第三子三郎兵卫重俊也来到江户，帮助哥哥俊次打理生意，后来独立，在宽永七年（1630 年）于日本桥中桥开店，只用了一两年便大获成功。然而，不久后，兄弟俩又开始一起开店了。

宽永十年至宽永十一年，江户店铺生意极好，于是长兄俊次亲自到京都料理采购店铺的事务，以采购西阵锦缎运到江户，江户店铺的管理全部交给了重俊。

这时，第四子八郎兵卫高利也来到了江户，作为手代在兄长的店内帮忙。江户店铺发展迅速，在本町四丁目之外，于本町一丁目、二丁目均开了新的吴服屋。门店都挂上有钉拔纹式样的布帘，继承松阪的商号称“越后屋”。

但后来重俊为了赡养留在家乡已年迈的母亲殊法，不得已于宽永十六年回到了松阪。江户的店铺交给只有十八岁的高利。

以钉拔纹为标志的三井家在江户开的三家店铺生意越来越好，在京都的采购店铺迅速扩张，俊次也在京都的御池町到里手衣棚之间开起了二十开间的大店铺。

年少的高利被委以管理江户店铺的重任，他凭借敏捷的思路与妥善的经营，使得江户店生意越来越兴隆，长兄俊次并不同意他自立门户开店。但重俊在三十六岁的盛年不幸亡故，家中无人留在松阪照顾母亲殊法。高利难以拒绝母亲的要求，不久便只能从江户回到松阪。此后，高利一直居住在松阪，在长兄在世时多有顾虑，并未尝试进军江户。

◇ 高利的经商之道 ◇

高利在江户时积累的资产有一千五百两（银九十余贯目），于是他在松阪过着比较优越的生活。家中雇有女仆二人、裁缝一人、男仆一人、丁稚二人、乳母等供日常差遣。承应元年（1652

年）他从伊豆藏方处用金六十两购入宅邸地，后移居到那里一直从事金融业与商业。

这期间高利主营的事业主要为四种：其一是面向大名发放无抵押贷款，其二是向农民发放需要抵押的贷款，其三是面向农民的小额贷款，其四是做大米买卖。

其中金额最大的是向大名发放贷款。采取单独或是与同业者联合的形式，以领主纪州德川家为首，向肥后的细川家、津的藤堂家等数家放贷。年利率在百分之七到百分之十，大多还款期为五年。三井家后来在家规中严禁向大名放贷，这是高利以自己的经验，教诲后代不要从事这项高风险性的事业。但彼时，高利在松阪的事业中，大名放贷占了重要的一部分。

即便如此，高利也是万般小心，思虑周全，苦心经营。他将资金分散，以“分贷”的方式放贷，极力降低风险。“分贷”指的是近亲者也出资一部分放贷额，分得利息。同时，他也接受同族或熟悉的松阪町人，或是寺院等的短期存款，然后经营如现在银行办理的存款、付还、透支之类的业务。

作为大名借贷的一种，高利也经营贷米（用粮米作为借贷金），也就是借给大名大米。比如，津的藤堂和泉守高久在宽永十一年从高利处贷得三千石大米，其中两千石分十年偿还，第一年的利息米为一百石，以后每年三十石。另外一千石米分五年偿还。这三千石米在十年间本金加利息共需返还四千二百六十石。这样高的利率，可谓一本万利。

另外，一年平均借贷三十四、三十五两（百俵）大米时，第二年如果米价高涨，一石米从六十目（约四十两）涨到七十五、七十六两（百俵）。经营大米借贷的业务，由于要预测米价变动，所以平添了些投机生意的趣味。

高利还向各个村放贷。实际还款主以一个村为单位，大庄屋或是一般的庄屋也连带负有还款义务。加上村产米可以作为担保也降低了风险。这类贷款为乡村的产业发展提供了资金。松阪周边的新耕地被开发，还形成了棉织业、产茶与伊势草鞋等农副产业，各个村的贷款都能够比较顺利地回收。

◇ 钱生钱的时代 ◇

起初，高利还会帮母亲打点酿酒、卖味噌的生意，不久就被金融事业占去了全部精力。由于经营着向大名借贷大米的业务，有时农民会用大米来还贷，所以时常有粮米经手，高利便同时也做着大米的买卖，并积极去尝试各种生意。《生意记》中记载："说起宗寿（高利），十贯目的银子，他以月五分利率投资，整五年可得一倍利润。五十年投资，即可得一万多贯目银子。虽赚得这么多钱，他却坚持一点银子都不浪费。手下的手代们工作数年，无论怎样都可变成大分限者。”

江户初期，两替商的地位还很低，受人轻视。出自京都名门，后来成为两替屋的町人大文字屋宗味曾写过“不知为何，两替商与做生意的人一样受人轻贱，故世人都不愿让自己的孩子成为两替商”（《先祖记》）。此外还有“两替屋为人所厌弃”（《两替年代记》），“特别是从事此业者，更应明辨是非因果”（《人伦训蒙图汇》）等文字，可知当时两替业极受厌恶的背景。高利却早已经正确认识到这是个“钱生钱”的时代，并专心经营。正逢当时大名生活消费增大，贡米收入已经无法满足他们的支出，于是他们便纷纷贷款，使得金融业发展越来越昌盛。

然而另一方面，武家经济状况窘迫使得借贷风险提高。从将军家纲的时代起，大名滥用职权拒还贷款，还会蛮横无理赖账不还。高利敏感地预知到了这种趋势，离开了他经营金融业务长达二十五年的松阪，向京都、江户、大阪进军，作为吴服商人、两替商人以谋求立足之地。

◇ 越后屋的新经营法 ◇

推测在延宝元年（1673 年），由于长兄俊次的突然病逝，高利便再没有了开设江户店铺的顾虑，五十二岁的他立即在江户本町一丁目租下开间一间半的店铺。同时他在京都药师町找到一家已闭店的开间八尺的商铺，便租下来在那里开了家吴服屋（采购处）。

京都的店由长子高平掌管，江户的店主要由次子高富掌管。高利在松阪指导这两家店的经营，制定店规，并频繁往返于松阪和京都之间。此外，他还亲自负责吴服店的进货业务，异常繁忙。值得一提的是，江户店与京都店并没有用高利的通称八郎兵卫作为店名，而是采用了高平的通称八郎右卫门。

当时，在江户的商界最为活跃的要数木材商与吴服商，此两者发展迅速。在当时火灾多发的江户，木材的需求量极大，同时还有像宽永寺、增上寺这样的大寺院建成，因此纪伊国屋文左兵卫门、奈良屋茂左卫门等木材商人事业发展空间很大。然而，木材商多为投机交易，并不适合性格踏踏实实的伊势商人。

不过，无论何时，伊势商人都向往成为“在江户有店铺的京都商人”，将总店开在京都，采购西阵制造的丝绸，并在江户开个豪华气派的门店来销售。富山、伊豆藏、小野田等都是实现了这种梦想的伊势商人。高利也首选了这样的经营模式。

江户的繁华街要数从常磐桥御门到大传马町的本町大路了。从护城河旁的一丁目开始到四丁目，一流的吴服屋有数十家，其中还有开间二十间的大门店。高利的店铺开在本町一丁目的南侧（现在是日本银行地皮内东北方向的一角），店宽仅一间半，而且还位于兄长所开江户店的隔壁。与历史悠久的老铺抗衡，高利也非寻常之辈。

当时吴服屋的经营方式为“预售订购”和“上门销售”，“预售订购”指的是事先拜访常客的宅邸，询问是否需要订购，之后再带上主顾喜欢的式样登门拜访。“上门销售”就是直接带着商品去拜访常客。一般都是先交付商品，客人的付款时间在每年的六月和十二月，有两次，或者集中在十二月一次。这些吴服屋主要都是与大名、武士、大商家做生意。像越后屋这样没有固定顾客的商家，只能每日都带着布匹绸缎去叫卖推销，或者雇店员把布匹裁剪开来卖。

但高利不断想出新的经营方法并付诸实践。

其一是尝试将商品卖给诸藩国的商人。商品批发出售给商人的经营方式是其他店铺都没有尝试过的。这种方法虽然与直接贩卖给消费者相比利润少了，但交易量很大，而且商品得以顺利出售，避免了库存在店内大量积压。批发销售的新方式为越后屋带来了大量利润。

其二是店内交易。就是将商品卖给事先未预约就来到店铺的顾客，当场现金交易，甚至还接受将布匹裁开零卖。这样的交易方式只在偏僻的小店才会见到，像本町的吴服屋这种高档的地方从来没有过。然而，高利逆其道而行之。他就是想在本町开一间走过路过的客人都可以随意进出自由选购的新式店铺。

◇ 现金交易，售货不还价 ◇

高利新采用的“店内交易”，比起以往的“预售订购”和“上门销售”，要求店铺内有更多的商品陈列。但同时，其在店内迎客的做法节约了经费，且现金交易利于资金周转，加之由于采购进货的店铺仍旧采用六月、十二月一年两次付款的模式，使得可用资金翻了几倍。因此大量商品，包括紧跟潮流的新商品都可以上架，门店的商品变得更丰富了。据说这个方法并非高利独创，高利亲戚的伊豆藏方早就试用过，是高利学得了精髓并巧妙付诸实践。

一年两次付款的“预售订购”和“上门销售”是以大名、旗本为主要顾客的经营方式，在店内现金交易是以町人为主要顾客的经营方式。高利着眼于消费主体由大名、武士向町人变化的时代潮流，实属难得。虽然这可能是没有常客的新门店不得已才采用的经营方式，但一定程度上，它表现了高利中止大名借贷业务去从事吴服生意的经营方针。西鹤在《日本永代藏》（贞享五年，即 1688 年）里，以“昨日赊购，今日现金”为题，有如下描写：

有个经商之人名叫三井九郎右卫门，凭借雄厚财力的支持，在有着幕府金座的富裕骏河町开了家间口九间、深四十间，又高又深的新店铺，规定所有东西一律现金买卖不还价，伶俐的手代有四十余人，还在不断追加，让他们一人负责一品。比如负责金线织花锦缎的一人。负责日野、郡内绸子的一人。负责纯白纺绸的一人。负责丝绫类的一人。负责红绸的一人。负责夏布类的一人。负责毛织类的一人。像这样有所分工。无论是要一寸四方的天鹅绒，或是做成袋子大小的绸缎，或是挂在长矛上的小布头，还是单单一个袖缘长的真丝斜纹绸，都可以自由裁剪买卖。特别是临时被主君召见，觐见时要穿讲究的礼服，急着要买和服外褂的时候，都可以让用人先等着，数十位裁缝们一起，当场就做出成品来交给用人。就这样，生意兴隆，每日入金百五十两，生意买卖一直持续。世间人惊异于此，看这店主，相貌平常，与一般人无所不同，铺中店员也无所不同，却成了大商人的模范。

文中所称的九郎右卫门，不用说就是八郎兵卫。“现金交易，售货不还价”也就是说按照定价做现金的买卖，当时，三井还在市场中发放“传单”，以薄利多销为目的将买卖合理化。另外，“都可以自由裁剪买卖”是指布匹可以裁开单买，比起以往以一反，约二丈七尺为单位买卖的方式，更方便了。

还有一个特点为“一人负责一品”，也就是说手代中每人担当一项专门业务。生意隆盛，以致“伶俐的手代有四十余人，还在不断增加”。“当场就做出成品来交给用人”可见衣物的缝纫制作非常迅速。可以说待售商品几乎都已加工到了快到成衣这一步。

凭借这样新的经营方式，高利大获成功。

◇ 江户吴服屋同行的阻扰 ◇

延宝二年八月，高利在江户本町所开商号为“越后屋”的店，开间一间半，进深十一间，家人以外有手代五六人、尚未成年的帮手两人、后院里屋的男仆一两人。随着生意繁盛，延宝三年，高利在江户本町二丁目开设了新店铺。这家店规模为开间九尺，进深八九间，番头、手代七人，未成年帮手两人，男仆一人。

在开店后的第十年即天和二年(1682年)的十二月二十八日，遇到了火灾，本町的街道商铺一夜之间全被烧为灰烬。借此机会，高利将店铺移至邻町，骏河町南侧的两替屋街，天和三年五月，立起了那个有名的“现银低价不还价”的招牌，盛大开张。这家店铺的位置，正好是现在三越总店所在地。门店分为东西两部，东为吴服屋，西为两替店。东边的吴服屋开间四间，进深二十间。中间留有一间的通行路。西边的两替店开间三间，进深约八间。其后建了个小房间，之后在吴服屋两替店后，厨房的一端建了土仓房。吴服屋有支配人以下二十八人，两替店有支配人以下五人和未成年的帮手一人。这一年的秋天，本町二丁目的店铺也迁来与骏河町店合并了。

越后屋以“现银低价不还价”的方式经营，引起了其他吴服老铺的嫉妒，生意也备受阻扰。

天和三年，高利的店铺还未迁到骏河町之前，越后屋接手了越前家的生意，此事让其他吴服屋经营者的嫉妒心爆发了。越后屋自开店以来，一直推行低价，早就引起其他吴服商铺的不满，大家排挤越后屋，不与越后屋交易。一个偶然的机会，越前家（松平家）向松屋下了大量绉绸的订单，因松屋价钱较贵，越前家便想从越后屋购买，越后屋无所顾忌全卖给了越前家。这种行为违反了公会的商定，于是同业者开始百般阻扰越后屋的买卖。

虽然越后屋生意隆盛，但开店以来却从来没有过大名这样的客人，这一点更是刺激到松屋的痛处。越后屋被同行排挤，以至于很久以后江户町人都仍记得越后屋是“受同行排挤的外人”。（《我衣》）

但手代们还是一心一意经营生意，万幸的是，京都的商人都怀有善意与越后屋交易，所以采购和金融业务方面进展还算顺利。于是，吴服屋的同行又诱惑越后屋的手代，想让他们背弃主人。高利往日都是悲天悯人的亲切之人，他收拢人心的手法之高明也是古往今来几乎无人能及，所以手代们都没有叛离。接着，同行还收买了越后屋邻家的房主，在越后屋的厨房前建了出租屋的厕所，让厕所的污物都流到厨房，企图将越后屋排挤出本町，而且还在越后屋要迁去之地也设置各种障碍，实在是行事阴险卑劣。

◇ 新式经营法的胜利 ◇

由于同行的阻碍，三井暗中考虑，只要找到合适的地方就求购店铺搬离此地。然而，就算他找到店铺订下合约，也马上会有人从中作梗。他听闻在邻町的两替屋街的骏河町里有在出售的房屋，便秘密购入。天正二年的冬天，本町街遇大火，趁着吴服商铺一片混乱之际，三井迅速在骏河町装修门店，将本町一丁目的店铺迁到这里，有名的骏河町越后屋成功开张了。

这之后，延宝五年，越后屋将门帘上一直以来的钉拔纹“◇”，改成了“圈中井栏三文字”标识。改店徽是因为当时高利的越后屋终于小有声誉，其他不相干的地方也都挂上了这个易混淆的门帘，自称越后屋。

高利的店铺移到了骏河町，但同行们的妨碍之举并没有就此收手。相反，江户的吴服商都怒火中烧，燃起了好胜心，绝不就此罢休。他们召集浪人，在半夜向骏河町的店铺架起攻城弓，写下恫吓的话，说是要灭了店里的手代，还贴出攻城弓的图和显示其威力的文字，让人查不到是谁做的，却让町内的名主都看在眼里。这些伎俩一方面是威吓手代，让他们担心为高利办事危及性命，并占用了手代们大量时间去处理此事。另一方面，也是让町内的其他人担心自己的安危，以便将越后屋从町内驱逐出去。

然而，越后屋经受住了这样的考验，丝毫没有动摇。本町、石町街道的吴服商铺还总向町奉行所提起诉讼，告发越后屋利用旧衣重染，将质量粗糙的旧物做成新品，再以低廉的价格出售给江户各宅邸的主顾，这样无法无天的做法使得江户其他的吴服商都没办法再做买卖，给他们造成了很大的困扰。一时间，这种性质恶劣的谣言广为流传。但越后屋一直诚实地做买卖，事实胜于雄辩，最终粉碎了谣言。从“武家中也多从此处购买”可知，越后屋与所有吴服商之间的摩擦都来自他新的经营方法，有主顾的支持，所以奉行所也从没有理会这类诉讼。

守旧的商人对新兴的三井商法很抵抗，但最终还是顺应时势，主动开始现金交易和店内买卖这样的新形态。在新旧商人的转换期，故步自封必会衰败没落。元禄二年（1689 年）的《江户图鉴纲目》中记有，“越后屋八良右卫门（骏河町）、富山喜左卫门（本町一丁目）、家城太良次郎（同町）、伊豆藏（本町二丁目）”等商铺开设了“吴服低价现金交易场”。由三井开始的“现金交易不还价”的经营方法受到推广，越来越流行了。

◇ 御纳户[5]御用达[6] ◇

贞享二年，高利将骏河町的两替店移到北侧，南侧全部改成了吴服屋，店的规模得以扩大。贞享四年，幕府命越后屋为“幕府朝廷织造局官用采办所”，越后屋凭实力一跃成为幕府的御用商人。在本银町二丁目开设了御用所，京都的采购店铺也并设了御用所。

成为织造局御用采办所御用达需要幕府有权者的推荐。幕府御棋所的本因坊道悦是松阪出身，与三井有亲戚关系，和高利从年少时就很亲密。这个道悦因为围棋的关系经常出入于将军纲吉的御用人牧野备后守成贞门下，他提起过越后屋的繁盛，以此为契机，三井先承接了牧野家的吴服生意。牧野家的买卖对于被吴服商排挤的三井来说，实在是难得的机会。不久，三井就经牧野备后守的推荐，成为幕府的吴服御用商人。

承办幕府吴服供应的称作“吴服师”，自古以来是由后藤缝殿助、茶屋四郎次郎、龟屋源太郎、三岛屋吉兵卫、茶屋新四郎以及上柳彦十郎这六家有渊源的家族代代世袭。后来，桥本平三郎也加入其中，吴服师变为七家。成为朝廷的吴服师提高了门店的档次，但也会使平民百姓难以接近，况且收不回款的情况也很多，对门店来说赚得了个名头，却未必能达到利益最大化。所以受命织造局御用采办所时，高利接命的态度也是慎之又慎。

住在京都的高利先请求延期，经过深思熟虑之后，派高平前往江户。高平称八郎右卫门，这时担任幕府织造局御用采办所管事的正好有一位关八郎右卫门，顾忌到此，高平便改名为八郎兵卫。高平任店长时，便称越后屋八郎兵卫。

贞享四年，三井接受了幕府朝廷织造局官用采办所的任命，元禄二年又受命成为幕府宫廷织造局御用采办所，三井作为町人成为名副其实的高门大族。幕府宫廷织造局御用采办所就是负责置办将军家所有服饰以及随身物品的官署，幕府朝廷织造局官用采办所是负责置办将军下赐给众臣子衣服的官署。

三井与一直以来的七家吴服师一样，被赐予高位，有了可以直接拜见将军的资格，还得到坂本町六开间的门店。高利超越了后藤缝殿助和茶屋四郎次郎这样因为家康提拔而世袭的特权门阀商人阶级，凭借实力成为高门显贵这一点值得一提，表明相比于旧时代的看重血统和门第，元禄时代正成为比拼实力的时代。

◇ 开始两替业 ◇

高利心里万分清楚成为吴服师对生意不利，但同时也认为这样可以终结与同行间的纠纷。事实上的确如此，被同行排挤的状况得到很大缓解。然而，高利有着身为商人的自知，他写过特权商人“本来并非商人”（《町人考见录》），对待子孙也严格教导“资产家就是商人。本业应该是体会和掌握做生意的趣味和知识。将家业置身事外，店里无论地位高低者都勤勉工作，或是大家都将店中事务置身事外，这两种情况造成结果大不相同”（《宗竺遗书》）。正是因为他深知为幕府办事的风险性，并怀着时刻不敢忘记町人身份的心情。

贞享三年，高利将据点移到京都，在新町六角下之町置宅，宅邸一角设两替店。天和三年在江户时，他已于越后屋西侧开设过两替店。贞享四年，高利又在江户骏河町开了家棉花店铺，贩卖茧绸棉花类，他原本就想做些面向大众百姓的生意。

元禄元年在大阪高丽桥开吴服屋。元禄四年，成为幕府的御用兑换商，同时在大阪高丽桥一丁目也开了两替店。

如此这番，高利横跨江户、京都、大阪三个城市经营吴服屋、两替店，成为当时屈指可数的富豪。

彼时，规模稍大些的吴服屋，大都在经营兑换业务，主要是为了做生意兑换汇款方便。也就是说，江户时代的商品大部分都会先集中到大阪和京都的收货中间商那里，经他们之手被发往消费地的江户。由于大部分吴服类最早都是在西阵生产的，所以大商铺在京都都设有采购点，因此在江户销售得来的钱款总是要送往京都附近，用作下一轮的采购。越后屋生意越做越大，寄送的货币数量跟着增加，付给两替屋的手续费也越来越多。

当时是金、银、钱三种货币并行，行情每日都在变化，兑换十分复杂，时常要委托两替屋来办理。三井将吴服屋移到骏河町时便开设了两替店，就是因为同时从事自家和他家的兑换汇款业务更便于做生意。骏河町与邻接的两替町中聚集了很多两替屋，便于做两替生意。而且在将吴服屋移到骏河町之前，三井借用了一家叫作海保道元的两替屋的一部分，早就开始经营小规模的两替业务。所以准确地说，三井首次独立开店经营两替业务是在天和三年。

◇ 大阪御金藏特许金银转运使 ◇

前文中已经提到三井在京都和大阪开设了两替店，但当时江户开设的两替店规模还很小。元禄三年，江户本店（高级丝绸类贩卖店）有店员八十一人，称作绵店的棉织品店铺有店员十七人，相比之下，两替店除了被称为“店预”的支配人，只有店员七人。元禄四年二月，三井接受幕府命令成为“大阪御金藏特许金银转运使”，之后这样的小店便一跃成为与吴服业并肩的三井家家业。

江户时代初期，幕府把从各个直辖领地收取来的贡米与其他一部分重要物产都送到大阪兑换成现金，暂时保管在大阪的御用仓库——御金藏里，随时送往江户。原本是将现金由东海道的陆路通过各处驿站传送。以御朱印征调五十三个驿站的驿马人手来运送现金，非常不容易，既不便利又很危险。于是幕府想到了兑换汇款。当时，从江户到京都、大阪几乎都是单向汇款的状态。于是，幕府在江户的两替屋中寻找到在大阪也拥有店铺的两替商，并准备委托给他们向江户兑换公款的业务。

幕府将保管在大阪的御金藏里的金银交给两替屋，两替屋通过大阪的中间商，以向江户反向汇款的名义，将金银借贷给予江户有生意往来的商人，商人们作为交换给出兑换票据。兑换票据送到江户后再在江户的中间商那里换成现金，提供给幕府。从大阪的金银借贷到江户的现金上交，有六十日（后来改为九十日到一百五十日）的期限。幕府不需要因这种公款的兑换向两替屋支付手续费，不管怎样，两替屋可以在两个月乃至五个月内，不带利息地运用这笔高额现金。这样，一本万利的好事同时还可以提高承办两替屋的信用声誉。

江户的两替屋无论哪家都想接手这项公款兑换的业务。最终得到幕府指名的是本两替町、骏河町有实力的大两替屋十家，江户两替店的店主三井次郎右卫门（高伴），以及越后屋八郎兵卫（高利长子高平的俗称），共计十二家。在这些有名的两替屋之中竟加上了开业仅数年的三井，其待遇可谓特殊。这大概是因为推举三井的是将军纲吉的侧用人⑦牧野备后守成贞，当时他权势正盛。

与此同时，三井在大阪开设了两替店。在这里，三井从大阪的御金藏受领金子，用于购入吴服、棉麻，并运送到江户。在江户以“现金交易不还价”的形式出售，然后再将金银上交给幕府。也就是说，三井家得以用不带利息的公款做生意。

承接公款兑换业务的十二家被称为“御为替组”，三井与另十家区分开，那十家被称为御为替十人组，三井最初仅仅被称作两人组。后来，大阪为替店的店主三井元之助和菱屋岩之助也加入进来，成为四人组。正德三年（1713 年），京都两替店的店主三井三郎助取代了越后屋八郎兵卫。享保年间（1716—1736 年），他们被称作御为替三井组。此为三井组这个名号的发端。

因为承接公款兑换的业务，三井两替店变成名门，一跃成为一流的两替店。元禄八年，因为扩张门店的需要，店址移到了现在三井本馆的所在地。

◇ 守旧的高平 ◇

如上所述，高利八郎兵卫构建起了三井的事业，元禄七年五月六日，在京都新町六角的居所内，高利在念佛时去往极乐净土，享年七十三岁。墓地设在京都真如堂内。

第二代的高平八郎右卫门是位优秀的守旧主义者。此人的业绩，一是创立了叫作大元方的事业统辖处，二是制定了三井家宪。在经营方针上几乎全部沿袭了上一代的做法。

大元方是为了统一管理商业经营与家业而设的总领部署。这成为后来三井合名会社，株式会社三井本社的前身。高平这么做，可能是因为他害怕独裁统治一不小心便会使父亲留下的商业帝国分崩离析。

高利在去世前曾于元禄七年的二月写有遗书留给家族，安排家业。他从十一个儿子五个女儿中选出儿子六人，长子为总领家，其他五人高富、高治、高伴、高久、高春为本家，立三井六家，还定下三家“连家”。高利常以“一支箭可以轻易折断，数支箭捆成一束便难以折断”的故事教导孩子们“一家一本，身上一致”的根本原则。继承家业时的高平正当四十岁的壮年，坚守父亲的遗训，常协助五位弟弟守业，并在父亲死后的第十六年，宝永七年，创立了上述的“大元方”。

大元方以如下规则运转。各个营业店都可以从大元方获得资本金或是借贷运转资金，进行独立核算的经营活动。当时规定的两替店资本金（当时称为元建金）为京都银一千贯目（换算成金为一万六千一百余两），江户金七千两，大阪银六百贯目（金一万两），三店合计三万三千六百余两（吴服店资本金合计四万余两）。并且每个店有义务根据不同资本金定下的比例上缴利润。京都、大阪两店为一年百分之二十，江户店一年分两期共缴纳百分之十七。上缴完这部分利润后剩下的盈利各个店铺可作为备用金自行积攒，每三年清算一次，备用金的百分之十作为奖励金发放给店员，剩下的钱全部交与大元方。

另外，从大元方借贷的运转资金叫作操替金，规定这个金额达到银一千贯目以上时产生年利率百分之七的利息，五百贯目以上时为百分之九，五百贯目以下时要分两期缴纳百分之一的利息。总而言之，三井的两替店从大元方获得以“元建金”和“操替金”为主的资金支持，加上各自的利润备用金，以大阪御金藏御为替银为主的公款，还有交易方保管在此的存款金，各个门店以这些作为主要运营资金进行商业活动。

高利在六十七岁时写下教训书留给家族，过世前又留下遗书。享保七年，长子高平在七十岁时，以父亲的遗书为基础，详细阐述，并制定了“定书（家宪）”。家宪中涉及同族众人的修身齐家之道、身为商人的心得、管理手代的方法、三井同族诸事、本家与连家的权限、同族共有资产的保管、大元方头领职位应从同族中选拔年长有器量者、禁止大名借贷与其他新经营方式，以及其他诸多内容。

第三代的高房是《町人考见录》的著者，高房之后，三井家也人才辈出，但打下三井事业基础的是高利，故本书只详述此人。关于三井，中田易直氏写有经典著作《三井高利》，本书也多有内容引自其中。

〔参考书目〕

中田易直：《三井高利》

土屋乔雄：《德川时代的三井家经营史》（《经济学论丛》第十二卷第二号、第三号、第四号、第五号）、《日本资本主义的经营史研究》

三井高维：《江户时代的特殊商业：吴服屋与两替屋》（《社会经济史学》第二卷第九号）

三井高阳：《町人思想与町人考见录》

丰泉益三：《越后屋觉书》《稿本三井本社史》《三井银行史》《三井银行八十年史》

安冈重明：《财阀形成史研究》

齐藤隆三：《近世时样风俗》

古川哲史：《近世日本思想研究》

〔注　释〕

① 藏方：室町时代管理仓库，负责钱财、谷物等出纳业务的人。

② 门前町：在有势力的寺院、神社周边形成的町。

③ 和纸：公元5—6世纪，中国的造纸术传到日本，经不断发展，以日本独特的原料和制作方法产生了具有日本文化特色的纸张，称为和纸。——译者注

④ 城下町：指以领主居住的城池为中心形成的都市。

⑤ 御纳户：江户城将军的正妻与侧室居住的大奥里设置的藏衣室，作为更衣室与化妆间使用。

⑥ 御用达：指为宫中、官厅采购物品的特权商人，也称御用商人。

⑦　侧用人：江户幕府的官职，传达将军的命令给老中（将军直属管理政务的常任最高职位）的人。

第10章

河村瑞贤

◇ 从伊势到江户 ◇

河村瑞贤不仅是江户时代前期的大商人，还是广为人知的海运、治水功臣。

瑞贤原本是伊势人。家康进入江户后，庆长八年（1603 年）二月开发现在的日本桥筋，通护城河，挖左右的沟渠架日本桥。他将这片新开发出的地方划分成商人的宅地，免费给商人土地，渐渐引得京都、堺、近江、静冈以及其他地区的商人蜂拥而至。最早来到江户的便是伊势商人了。接着是近江，然后是小田原，再接着是堺，数量上还是伊势商人最多。江户日本桥街道上，过半数的商铺都挂着伊势屋文字样式的门帘。甚至有这样的俗语流传，“江户遍地都是伊势屋、稻荷神社和狗屎”。瑞贤就是从伊势来到江户的商人之一。

元和四年（1618 年）四月，瑞贤在伊势国度会郡鹢仓村出生。虽是农家出身，但据说继承了藤原秀乡的血统。父亲好像是田丸藩的武士，在田丸家灭亡后，成为农家。瑞贤的幼名是七兵卫，出家后才称瑞贤。

一介小百姓的他，听闻很多同乡人到江户都成就了事业，被道听途说的江户繁华风貌所吸引，便也动了去江户的心思。瑞贤十三岁时将家业继承权让给家中的次子后便前往江户，二十岁成年受元服之礼，名字也改为十右卫门。宽永年（1624—1644 年），江户一派兴旺华丽景象。修缮街道，开挖沟渠，宽永九年开始了参勤交代制，发展异常繁盛。

瑞贤二十岁时，正逢宽永十四年。现实并非想象中那么美好，他在江户的第一份职业是拉车夫。作为土木工程的搬运车夫，他每天都在工程现场花力气拉装满沉甸甸石土的车，始终不满于这样的境遇。

于是某一天，他下定决心将家财家具全部变卖，换来二三两金子作为旅费，终于离开了江户。但却在小田原的旅馆里遇到了一个老人。老人谆谆教诲，鼓励他，这么快就失去信心离开愈发繁盛的江户实在是愚蠢，至少也要再努力一下。瑞贤内心深处伊势人特有的不屈精神复活了，他立马又起身返回江户。这个时候，他迎来了天赐良机。

瑞贤在从小田原回到江户的路上经过品川时，忽地被海岸上漂浮着的众多瓜与茄子吸引了目光。那天，盂兰盆节刚结束，是江户的町民们为了做佛事而将瓜与茄子放入海中的。瑞贤灵光一闪，在众目睽睽之下，像乞讨者一般将瓜和茄子全部捡了起来。然后，他马上把这些做成了泡菜，带到四处，边走边卖。卖给了当时拉车夫的头领、土木工人、搬运工。

贩卖泡菜的生意做了几年不得而知。很多日工工人把他的泡菜当作午饭的下饭菜，争相购买，因此，瑞贤就一直将瓜、茄子用盐和咸梅汁泡好来卖。他开发了这个生意，很快就讨好到了承包工程的官员。一本叫作《翁草》的书中记载，瑞贤受人劝说，“你做这样的生计，还不如努力成为日工的首领以出人头地”。

这个时候，他仍旧称作十右卫门。前文也提到，瑞贤是他出家后的法号，到了晚年他又还俗，称平太夫。瑞贤也写作瑞轩，本书统一称他为瑞贤。

瑞贤后来成为工人的首领，掌握工程现场的指挥权，指导众多日工，制定策略。他后来作为工程师大放异彩，恐怕凭借的主要就是其工人时代积累的经验与学到的知识。但他不久就辞了日工首领之位，在下町租了一间面向街道的门店，收拾得干干净净，雇了手代，摆出端庄大方的姿态，家中虽连“一粒米”的积蓄都没有，但也表现出有很多钱的样子，毫不吝啬款待客人，为客人提供酒菜（《翁草》）。

这些当然是表面功夫，也就是虚张声势。在经历了世事艰辛之后，瑞贤知道这么做有利于行走于世，另外这与他天生豪放的性情也有关。这段时期他做的是木材生意，也兼营土木工程的承包业务。

◇ 明历的大火 ◇

明历三年（1657 年）正月十八日，江户发生了大火灾。这场被称作振袖火灾的著名火灾有三处起火源，从十八日午后两点持续到二十日早上，江户全城几乎都化为灰烬。据说死者达十万余人。武家都有使用行军中使用的“车长持”，就是大的收纳木箱箱底装上六个左右小车，町人们同样用它装入家财器具便于搬运。街道上全是车长持，火势转移到这些个木箱上，人们无处可逃，于是产生了大量伤亡。江户两国的回向院中，设有供奉火灾中丧生者的不间断念佛道场。

大火来势凶猛，一直蔓延，没有消退的迹象，眼看着就要烧到自己家把房屋变成一片灰烬了，瑞贤立刻将不足十两金子的全部家产揣于怀中，夜以继日前往木曾山求购大量木材，悉数定好价格盖上印。

他先到木曾的批发商处，看到孩子们在门口游戏，便从怀里取出三枚小判[①]，用小刀开了孔，穿上细纸绳，做成玩耍用的玩具讨好孩子们，以便让他们带路。他对木材的主人说：“我匆忙从江户赶来，手代和随从们随后就会带着金子赶到。请先将存货的所有木材都给我报一下价。”主人看到他都拿小判给孩子们当玩具，那一定是从江户而来做大事的分限者了，于是招待他，给他看木材，一一定好价格。就这样，瑞贤预购下了所有的木材并盖上了自家的证明印。

灭火之后，江户开始新建房屋了。已有的木材很快用光，木材的价格一日涨过一日，木材商渐渐地都赶来木曾路买木材。然而，如《翁草》所言，“所有的存货已经全部盖上了十右卫门的印，除此以外没有可卖的木材了”。这时候，所有人都找到瑞贤，希望能购入一些他订购下来的木材，瑞贤将木材转卖，收得颇为可观的利润，除去给木曾的木材批发商结账的金子，他赚得了数十两金子带回江户。

这本《翁草》大概是根据当时的民间传说而写的，其中像写小说般的润色随处可见，不可全信。但能想出收拢人心的妙法使木材商信服，这让瑞贤随机应变的形象跃然纸上。

无论是曾经捡拾瓜与茄子做成泡菜，利用销售泡菜得到了资金，还是买断木曾木材商的货物获得利润使得资金翻倍，瑞贤都机智地把握住了商机。他因明历大火后的复兴工程获得了意外之财。《翁草》中写有“讨好与幕府土木工程相关的诸官员，也与其他各处工程的官员逐一拉拢关系”。可见他千方百计巴结有实力者，终于爬到了幕府、大名御用商人的位置。

幕府为了完善交通体系，开挖汤岛台的沟渠，建成神田川。填埋木挽町、本所、深川、铁砲洲等地有海水入侵的海岸、河岸，以填海造地。这种土地俗称筑地。瑞贤在复兴事业中发挥了重要作用。浅草川因为地势险要，以前一直是乘船渡河。幕府在其上搭建了新的大桥，于宽文元年（1661 年）竣工，因为这座桥横跨了武藏与下总两个州，便名两国桥。据说，承包这座两国桥工程的人正是瑞贤。

◇ 瑞贤的才智 ◇

传说瑞贤承接了浅草寺的修缮工程与千川上水工程，具体时间不明。还有传说浅草观世音堂的支柱根基腐朽，瑞贤借用其他材料巧妙补上，使得当时的人都大为惊叹；或是他只用了极少的资金就承接了某个寺庙里五重塔的屋顶修复工程，更令世人诧异的是，瑞贤连脚手架都没有装，用大风筝绑在修缮屋顶的工人身上一直升到五重塔顶端，当天就利索地修理完了等。这些传说都神乎其神。另外，还有传闻说分流多摩川，供给饮用水到本乡、汤岛、下谷、浅草的工程因为是千川太郎兵卫承办的所以叫作千川上水，但实际上为瑞贤所策划。

这些全都是归幕府直接管辖的工程，承办的必然只能是御用商人。瑞贤疏通关系，并出色完成任务，以他的豪气、机敏、才智，必是已在暗中策划许久。他可能贿赂了春日局之孙，当时的老中稻叶正则。贿赂是那个时代的惯常手法，并非他一人所为。能够接近稻叶正则，正是因为他已经具备了不辜负众人期待的实力，其作为土木工程师的能力得到了肯定。

瑞贤深得稻叶正则欢心，缘于砍伐搬运在箱根深处的榉树木材一事。谁都没有办法从这样的深山中把优质的木材运出来。瑞贤承接下这项工程，从秋天起他便派伐木工人进山砍伐木材，并搬到积雪的谷里。十二月，将在积雪的山谷里存着的木材全顺着结冰的斜坡滚到谷底，因为积雪都冻了起来，所以轻而易举就完成了。接着在山谷入口筑起了堤坝阻住水流。到了春天，冰雪融化，破堤放水，水流一泻而下，木材全部顺势而下。

瑞贤用此妙计搬出了箱根山中的优质木材，凭借这样的功劳，他还被委以箱根的道路工程。瑞贤不仅仅是唯利是图的商人，他也是有真才实学的土木工程师，因此才受到了身居高位者的信任。他追求的事业成就超越了个人的荣华与名利。为人一方面豪放磊落，另一方面准备周密。

他出家称瑞贤，是在五十岁前后。出家并非隐退。身为僧侣，却仍旧承接幕府、诸侯的土木工程，经常在第一线发号施令。宽文十一年三月七日，五十四岁的瑞贤作为土木工程师首次被幕府召见。幕府封他为御家人[②]，赐一百五十俵粮米，并命为若年寄[③]的支配之职，在灵岸岛赏赐宅地。这个时候，瑞贤蓄发还俗称平太夫。他于幕府任职是在前一年的宽文十年冬天，幕府因改善奥羽的海运一事向住在江户的土木工程师征集意见，享有声誉的同行推荐了瑞贤。老中稻叶正则的后援应该也起了作用。

◇ 奥羽海运的革新 ◇

瑞贤承接的幕府工程中，奥羽海运的革新与畿内治水可列为他的两大功绩。

奥羽所产的粮米运送到江户路程遥远，需要一年三百多个日夜，途中还有可能遇上大风浪，再加上湿气等的影响，运输异常困难。于是，幕府命瑞贤改革运送方法。

宽文十一年，瑞贤将陆奥国伊达、信夫两郡的贡米从阿武隈河口的荒浜经海路运到了江户。宽文十二年，他又将出羽最上郡的贡米从酒田经西向航线运到江户。两者皆用了三个月左右的时间，而且几乎没有损耗。从此往后，奥羽的海运业迅速兴盛起来。

西向航线本来并非瑞贤首次开拓的航路。据说宽永年间，兵库的北风彦太郎将加贺藩的大米从北陆运送到大阪，率先开辟了这条航线。但西向航线得以广泛推广运用，还要数瑞贤的功劳最大。

在瑞贤的努力下，奥羽的大米经太平洋沿岸进入江户湾，出羽的大米经由日本海，到达下关，再经由濑户内海，从大阪运到江户。这条航线为日本的海上交通开辟了崭新的方向。商品在全国范围内的流通得以实现。依靠西向航路，北国、东北的船只也能到达兵库与下关，使这里愈发繁荣。称作“北前船”的北方沿海运送船也得以入港。不管怎么说，受益最大的是江户与大阪。

延宝八年（1680 年）五月八日，瑞贤六十三岁时将军家纲亡故，纲吉承袭将军位。与此同时，刚直的政治家堀田正俊大力推行仁政，老中稻叶正则失势退隐。旨在推行仁政的堀田正俊，需要重用像瑞贤这样的土木工程师，于是正俊推举瑞贤，让其活跃在了幕府产业开发的第一线。

瑞贤或开掘奥羽的矿山，或在各地开垦新耕地，实在是足智多谋的奇才，据说他计划的工程没有一项失败。国内开采的铜矿山大量增加，开垦新耕地的事业也大获成功。值得一提的是，瑞贤负责畿内地区的治水工程，出色完成任务，为上方地区的农业发展作出了巨大贡献。

畿内治水工程时长从天和三年（1683 年）到贞享四年（1687 年），即从瑞贤六十六岁时开始到他七十岁时竣工，工程使大阪免于淀川的水灾，奠定了它今日繁荣的基础。

畿内治水工程具体就是开拓九条岛，挖通了从九条岛的北端到川口极长的河道。这条新河道称为新川，元禄十一年（1698 年）因幕府命令改为安治川。也有说是因为瑞贤的谥号为安治，所以将其命名为安治川，但瑞贤的谥号是义通并非安治。安治即“易于治理”之意。开凿运河搬出的泥沙全部堆在新川南侧，成了座小山，山上种了松树，成为航海者的指路标。那座山最早叫作新山，之后称作瑞贤山或是波除山。

从这个时候起，诸藩国的船只不再经由旧航线的传法川，而是通过安治川入港。四贯岛的内河关卡也移到了安治川北岸。现在，安治川的国津桥畔还立有“增正五位河村瑞贤功绩碑”，碑的背后刻着瑞贤的功绩和安治川开凿的由来。

贞享元年八月二十八日，江户发生了大事件。若年寄稻叶石见守正休在江户城内刺杀大老④堀田筑前守正俊。原因不明。此前，稻叶正休接到幕府命令与瑞贤一同巡察畿内地区的河道，彼时他们应该意见统一。然而到了次年，贞享元年二月，瑞贤着手九条岛工程时，正休作为工程监督来到大阪，与瑞贤见面，两人之间好像因意见不一致起了冲突。原因似乎是工程的预算比预估时要超出很多。如果真是这样的话，稻叶正休伤人的事件可以说是畿内治水引发的惨剧。

◇ 瑞贤与新井白石 ◇

近畿治水工程终于完成时，瑞贤的后援者堀田正俊死于意外之灾。瑞贤在幕府的势力减弱。纲吉宠臣逐渐占领幕府内阁，像柳泽吉保还有牧野成贞等人都看纲吉的脸色行事，只考虑自己的得失。瑞贤这样的土木奇才生不逢时，被埋没了。

元禄十年七月二十八日，瑞贤终于获得了直接拜谒将军的资格，时年已八十岁。元禄十一年，他以六万两费用做出二十三年完成的计划，让在江户西回航线上的船只可以从越前的加贺直接经由琵琶湖到达大津。他还探险了小笠原无人岛，传说还设想过大移民计划。虽然这些计划无疾而终，但从侧面反映了瑞贤想法之宏大。

总的来说，瑞贤晚年是怀才不遇的。元禄十二年六月十六日，他八十三岁时离世。遗骨葬于镰仓建长寺。

瑞贤是农民出身，之后从事木材生意，承接土木工程跻身于当时的富豪之列。早期或多或少有些虚张声势的言行，后来思虑周密笼络了人心。他足智多谋、不屈不挠的精神值得学习。他也曾只考虑过个人的利益与荣华，单看此点与世间所有暴富的有钱人并无不同。但他最终克服了这样的局限性，关心国事，得到幕府信任后尽心于发展海运与治水，为当时的经济社会作出了巨大贡献。

而且，瑞贤时常将钱财用于与学者文人交往，培养出了众多学者。新井白石就是因与瑞贤之子新五兵卫有来往而受到了瑞贤的庇护。瑞贤预见白石将会成为大学者，想将孙女许配给白石，被白石婉拒。理由是，“小蛇的嘴角有点伤疤，变成大蛇时，这点小伤疤也会变成一尺有余。现在我一介无名之辈要是成为您家族的养子，不会被世间多言。这就是小蛇的小伤疤。但若有一日我变成了世人都知道的学者，这道伤疤就变成了大伤疤。这次收了您的三千两，就留下了以后成为学者时的大伤疤，对您的家族也是不好的”。留下了“小蛇的小伤疤”这样一段有名的逸事。

之后，白石一时间中断了与瑞贤的交往，到他任职于堀田正俊门下时，才又开始与瑞贤有了联系。瑞贤后来将孙女嫁给京都的学者黑河道祐。从此事也可看出，瑞贤心底很喜欢学者。

白手起家，历经辛苦，未雨绸缪，有着敏锐的商业直觉，后来对社会民生颇为关心，这些可以说是瑞贤一生的写照。

〔参考书目〕

《宽政重修诸家谱》

《瑞贤记》

《大阪市史》第一

《畿内治河记》

《川筋大意》

《地方役手鉴》

《难波丸》

《摄阳群谈》

《川筋御用勤记》

《德川实记》

高原护郎：《大阪湾治水功劳者》（《上方》第四十八号）

《奥羽海运记》

《半日闲话》

俣野义郎：《町人考见录》

《一话一言》

饭田忠彦：《野史》

神沢杜口：《翁草》

宫本又次：《大阪人物志》

井上俊夫：《淀川》

古田良一：《东回海运和西回海运的研究》

物上敬：《日本商人传》（下卷）

〔注 释〕

① 小判：江户时期通用的一种金币，薄圆形。——译者注

② 御家人：镰仓到江户时代，对与将军有主从关系的武士的敬称。

③ 若年寄：江户幕府的职务名称。直属于将军的仅次于老中的重要职务。管理老中职权范围以外的官员。——译者注

④ 大老：江户幕府中辅佐将军的最高官员，地位在老中之上，统辖幕府所有事务。——译者注

第11章

纪伊国屋文左卫门

◇ 谜之前半生 ◇

关于纪伊国屋文左卫门的家系,还没有一本书曾详细记载过。不仅如此，甚至于他的本姓，有些地方记为“别所”，有些地方记为“五十岚”，都不曾有定说。江谈稗史类多用后者，称他为平家的武士五十岚小文治的子孙，但并没有确切的证据。他的儿子千江千泉在其俳画[①]中曾自己署名过别所这个姓，也可能别所才是正确的姓。别所应该是从纪州有田郡汤浅町附近乡村“别所”的地名而来。当时，浅汤港已经成为繁华的港口。在仅一里路之隔的栖原还出了个栖原角兵卫（栖角）。

柳亭种彦的合卷本《名誉长者鉴》的“纪文”这一项里有记载，“纪州熊野浦附近，有一位名为文三的贫民。其子文平七岁时，向父亲要五十文零花钱说想自己编竹片赚钱，他买来竹竿做成了竹蜻蜓，拿到市场去卖，赚得了一贯钱利润。他十六岁在山城国嵯峨清凉寺斋戒祈祷时，称为长兵卫，利用手代将释迦牟尼佛像迁到和歌山，在寺院外开龛，赚得一万两。后来来到江户，这个长兵卫精通天文,判断明历的振袖火灾为史无前例的大火灾,以极少的小判作为定金买下木曾的木材，凭此成为长者”，明历的火灾虽是纪文生前发生的事，但纪文包购木材的故事与河村瑞贤的事混同了，所以这些内容也不可尽信。

只是，细川风谷的《纪文长者》里有一段概要，“和歌浦玉津岛的神官藤波河内，将女儿嫁给一个虽有身份但穷困潦倒，叫作文平的有潜力的年轻人。之后文平向藤波河内讨要了两千两，购入橘子运到江户”。这是关于纪文更脍炙人口的故事，多少有一些真实性。

总之，关于纪文在纪州所作所为的记录全消失得无影无踪。他在哪个郡哪个村居住、家业如何都无从知晓。只知道他于宽文五年（1655 年），在第四代将军家纲的时代出生，幼名叫文吉或者文平，父亲文左卫门在他十四岁时就过世了。还有记录说纪文将橘子运到江户贩卖大获成功，便立志到江户行商。以上事实差不多是可信的。他举家搬往江户的时间已经无从考据。推测是第五代将军纲吉的时代，在贞享年间（1684—1688 年），他将近二十一岁的时候。他在江户定居后不久，从做橘子买卖的船主转业成为木材商，这应该是事实。

纪文之名时至今日还广为流传，很大的原因是他虽积累了巨大财富却耽于享乐。对比商人们踏实的经商之道，他的事迹大多是不可取的。从史实看，比起“生财之道”，不如说他的名声都来自“花钱之道”。

◇ 风箱节和橘子 ◇

德川赖宣鼓励有田橘的种植，在此背景下，纪州的有田橘终于开始销往远方的江户。最早是在宽永十一年（1634 年），四百筐橘子运送到江户。江户人争相购买有田橘，一筐半的橘子卖出了一两金子的高价。宽永十二年（1635 年），两千筐有田橘运到江户，商人们赚得了巨大的利润。从那以后，每年运到江户的有田橘数量都在增加。明历二年（1656 年）达到五万筐，贞享四年达到了十余万筐的巨大数目。仅看这个数字，都可知道到底有多少有田橘被卖到了江户。

特别是在开创了都市发展新纪元的明历大火前后，到了江户每年例行的风箱节，蔬菜水果的市价飙升。风箱节是每年的十一月八日，铁匠、铸工、石匠等使用生火风箱的匠人们，在智恩寺的镇守元茂神社祭祀。江户有个习俗是在八日黎明，城里的小孩子们聚集到铁匠、铸工的店前，然后吵闹着，纷纷戏称店铺一贫如洗，店主人便要从二楼抛下数百个橘子给他们捡。因此，风箱节里橘子是必不可少的，商人们为了抓住风箱节这个商机便趁此机会将大量橘子运入江户。

当时江户—大阪的回船数菱垣回船、樽回船发展得好，菱垣回船最早是在元和五年（1619 年），堺的一个商人在纪州富田浦借了艘载重二百五十石的大船，从大阪装载了多种日用品运往江户，回船由此而开始。原本主要是运送江户—大阪的航线，因运送之便，途中还会在纪州沿岸、鸟羽以及其他港口靠港。如果用这样的回船运送橘子，周期很长，很多情况下会错过了商机，所以自然而然出现了纪州—江户直达的船运航线。

橘子是江户风箱节的应季商品，对于江户的批发商来说，橘子上市快，货船到达时间正好为最佳，无论哪一点做不到，对橘子的销量都影响巨大。纪文运用他的聪明才智，试图抓住这绝好的商机。他打算超过其他前往江户的货船，抢先一步把橘子运到江户。如果成功了，性急的江户人就会等不及去抢购，他的橘子能卖出比行情高很多的好价钱。

实现这个计划的前提条件是，纪文的船必须比所有去江户的船先一步到达。此前从没有与批发商打过交道的他，如果和其他船在同一时间把橘子运达江户，便不可能赚取更高的利润。纪文大胆而果敢，决定进行一次几乎没有留后路的大冒险。

诚然，这次冒险为他奠定了今后商业生涯的基础，成为纪伊国屋繁荣的开端。

◇ 那是纪伊国的橘子船 ◇

纪文是从哪里得到策划这次江户运送的资金的，已经无法追究，以他的才干和谋略获得这些资金应该不是很困难。或者像江谈本中所传，他是从妻子的娘家藤波村神官处借得的。用这些资金，纪文准备好了一艘回船，装了满船的橘子。然后他招来不怕死的船夫。他自己当了船的押运员看管载货，剪断船的尾缆，赌上身家性命向大海航行。此为其成功的一大要因。他性格豁达，发挥了与生俱来的满腹奇谋。

以当时的航海技术，从纪州直达江户相当困难。特别是受气候影响，船日夜兼程多少会遭受风浪。那时就算想到最近的港口避难都难以实现。船通过负有盛名的熊野滩，接着通过七十五里的远洲滩，到达番所下田需历经千辛万苦，绝非易途。所以后来按照原计划到达下田时，纪文的喜悦无以言表。

盛装橘子的容器用了竹筐，用扁竹片编成圆筐，再挂上铭牌，然后用绳子系牢。船在海上要走三四十日，所以到江户的时候会有很多橘子腐烂已是常态。仅仅是平安到达就已经够让纪文备感欢喜与得意的了。到了江户，他以商业谋略加上能辩的口舌很快将橘子都卖了出去，获得了巨大的利润。他入江户港时穿一身白衣，代表着自己宁死不屈的决心。不久后就流传开了航行途中遇到暴风雨举步维艰的故事，还有启程时的赴死装束或是乘破船航行的传说。

“在黑沉沉的海上可以看见白帆，那就是纪伊国屋的橘子船”，这样的歌谣长久被人们传唱。这是根据宽永年间流行的“海上看见的是丸屋的船吗，可以看见圈中有也字的船帆”而改编的歌谣，虽说不一定就是在歌颂纪文的壮举，但恰好就像在传颂纪文的故事一样，在后世广泛流传。

◇ 摇身一变成木材商人 ◇

纪文由橘子船船主摇身一变为木材商人。那时，将军纲吉热衷于建造寺院堂舍，加之江户是火灾中心地，大名的宅邸很多被烧毁，纪文意识到江户最有发展潜力的商业就是木材生意了。他当时的目标是成为幕府的御用木材商，也就是御用的特权商人。况且从纪州出了栖原角兵卫和河村瑞贤这样的前辈，他心中必然是把他们作为奋斗的榜样。

栖原角兵卫旧姓为北村，是源义家的后人。元和五年，移居到栖原，接着为航船装上航海设备，从房总沿海转移到奥州的萩浜，在这里开设了渔场，也在上总天羽郡荻生村从事渔业。元禄元年（1688 年），第二代的角兵卫在江户铁砲洲本凑町开了家批发薪炭的店铺，还在深川经营木材批发。元禄十三年，又填埋了深川的湿地建成贮木场。第三代时，放弃了渔业，全力经营深川贮木场的薪炭木材生意。宝历年间（1751—1764 年），在陆奥的南部大畑开设分店，砍伐林木，运送到江户。元禄年间，名为飞弹屋久兵卫的人从虾夷地采伐鱼鳞云杉时还接受了角兵卫的资助。

第一代、第二代的角兵卫来自距纪文出生地不到一里的别所，当时纪文受这个人的事迹影响，将他作为奋斗目标。第二代角兵卫活跃的时间正是纪文事业发展的全盛时期。

纪文靠橘子获得巨利为事实，据说当时获利有五万余两金子。他这一代的财富，可以说是以这五万余两金子为资本金经营木材生意后积累起来的。

纪伊国本来就出自木之国，与木材颇有渊源。加之故里出了栖原角兵卫这个前辈，同为纪伊领地，伊势出生的河村瑞贤也经营了木材商铺河村屋。当时，江户有名的木材商要数这个河村屋和冬木屋，后来又出现了个奈良屋。纪文在江户的京桥本八丁堀开了木材店，不久成为御用木材商。《名誉长者鉴》中说明了他是怎样获得伊达家御用商人之位的：他通过伊达家门前，故意摔倒在污水坑中，利用了看门人来帮助他的这个机会。也就是说，赠予伊达家的看门人高额的谢礼，以此笼络看门人套出了担任要职人的姓名。次日，他命番头向身居要职者献上赠礼，从而求得了门路。

◇ 上野宽永寺根本中堂 ◇

纪文对幕府用了什么手段无法知晓，只是不知他从何时起求得机会接近将军家身兼要职者，得到其中柳泽吉保和荻原重秀的支持，从而成功了。柳泽吉保是将军纲吉的第一宠臣，作为侧用人占据了老中的首位，荻原重秀任勘定奉行，是吉保的心腹。纪文与这两人勾结，赚取了暴利。新井白石在著书《折薪记》中指出了荻原重秀与御用商人勾结的丑行，在众多御用商人中，纪文首当其冲。

然而，关于纪文事业方面的记录出乎意料地少。据说，纪文承接工程建造了上野根本中堂、护持院、护国寺等。但在高田的药园上建起护国寺是天和二年（1682 年）之事，那时纪文才十八岁，所以建造护国寺的说法有待考证。不过，在神田桥和一桥之间建起护持院是在元禄元年十月，纪文二十四岁，还有些许的可信度。

元禄十年，纪文三十三岁时，据传他从上野宽永寺的根本中堂建造工程中赚得五十万两金子。根本中堂的建筑工程为当时幕府直辖管理的工程中最为著名的案件。原本东叡山的地位就相当于京都的叡山，是镇护国家之圣地，却没有根本中堂，不成体统。

经轮王寺的门主公弁法亲王极力诉求争取，元禄十年七月一日，幕府终于命松平萨摩守纲贵派出劳力，柳泽出羽守担当总监督，勘定奉行荻原近江守重秀、小普请奉行组头布施藤兵卫正房监督各项工程。元禄十一年八月竣工，九月三日举行了中堂佛事。这个时候作为完工的奖赏，幕府赐给萨摩守名为长光的刀，赐给柳泽名为正宗的刀，赐给荻原黄金五枚。

表面上看没有异常，但私底下柳泽、荻原通过工程赚得了巨大利润。与此事有干系的纪文，既然能轻易得到利益，那他获得了多少好处自是不必说。有说是纪文承包了这项工程，也有说纪文只是为工程提供了木材。从工程的工人都来自萨摩这一点来看，应该不是纪文承包的，他也许只是将木材卖了进去。就算如此，纪文能赚得五十万两金子，也非比寻常。

传说纪文从远州千头山运来了木材。以御用木之名采伐的大量木材，经大井川由海路运到江户。当时，纪文、新左卫门、乡藏等带着许多女人去采伐木头，让这些女人日日服侍。后来临时搭建的小屋塌了，变成山谷斜坡，当地人因此把那里称作“倾城之谷”。安永时期（1772—1781 年），整座山被称作文左卫门、新左卫门、乡藏山，从侧面反映出当时御用木材的采伐动用了大量人力。同时，也可见他们行事之奢侈已经连山中都传遍了。

◇ 木材商的黄金时代 ◇

纪文对于木材这一行的方方面面都有所涉及。新井白石称当时为木材商的黄金时代。当时世人已厌倦儒教，幕府为了收拢人心，主要政治方针为推行宗教政策。况且，遇上了少见的热衷于土木工程的将军纲吉，改造修建寺院堂塔，兴起了难得的土木工程热潮。顺应潮流的纪文承包工程所用木材，赶上行情大好，又得贵人提携，必然可以顺利赚取巨大利润。

与纪文联手承接根本中堂工程的松木新左卫门是骏河府中出身，经营绸缎平织布、麻布的问屋，住在骏府两替町一丁目，店铺二十九间半开间。店铺其实是合别屋与隐居所为一体，一处五十八开间的宏伟宅邸。他天性刚毅，富有侠客之气，精于算术。在建造根本中堂一事上是纪文的军师。工程完成后，他搬送幕府下发的金子，一驮运三千两，每日运六七驮，共运了七八日，可见他获利之多。松本乡藏是这个新左卫门的弟弟，参与了木材的砍伐与运送。

奈良屋茂左卫门是江户为数众多的木材商中可以与河村、冬木比肩的御用商人，且他经常与纪文对立。奈良茂在吉原的奢侈作为被世人广为议论，一方面可以认为他是为自家做宣传，另一方面可以认为他在与纪文相互争夺势力。

◇ 纪文的没落 ◇

上文所述，纪文站在土木业发展的风口赚得盆满钵满，他并未利用薄利积累财富，而是追求暴利。而且，暴利必与奢侈相关，特权离不开贿赂。他既是投机者，也是御用商人，他为追求一己私欲而义无反顾，为获得权力利益而奋不顾身。他谋求得到贵人提携，或用金银，或用佳肴，或用美人，或用家宅和利润分成，大肆行贿。

《近世奇迹考》中记载，纪文家每日出入制作榻榻米的工匠有七人之多，这是因为纪文为了款待高官，当日用过的榻榻米次日便更换掉不再使用。纪文在吉原挥金如土地游玩，大肆挥霍，大概不少时候都是在酒席之间笼络收买幕府重臣的。

纪文的败落广为人知，也许是他曾经过度挥霍造成的，也许是前后十多次的火灾终给他以致命打击。他的家庭与事业都一片混乱，身边尽是陪酒说笑的男女艺人，也没有得力的助手。他靠投机生意在那个通货膨胀的时期一攫千金，现实也没有给他时间去考虑该怎样踏踏实实经商做买卖。

宝永五年（1708 年），纪文四十四岁时承接了“大钱”的铸造工程，并因此亏损巨大，进一步加快了其事业的衰败。所谓大钱，是指与之前十枚宽永通宝钱币等值的十文钱面额的钱币。这种钱币四月左右开始生产，因品质粗糙被世人厌弃，人们无视幕府命令，拒绝用它进行交易。幕府慌了，于是严令当家者与传令人，强制使用大钱。但由于在市面上得不到流通，没到一年幕府不得不停止了此钱币的使用。纪文当然承受了巨大损失，终于导致家运衰微。

宽永六年，奢靡与恶政的代表将军纲吉过世，迎来了家宣从严治国的时代。纪文的后援者柳泽吉保、荻原重秀均辞官。无法顺应这个革新时代的纪文，再也施展不开拳脚，彼时他四十五岁。

关于纪文的晚年有很多种说法。据传，他四十七八岁时，卖掉位于本八丁堀一町的大宅，一时间移居到浅草寺的慈昌院境内，之后成为新鸟越山的源寿寺的门客，接着又住到深川八幡一鸟居的北面，在享保三年（1718 年）一月二日，五十四岁时过世。

据说他离开慈昌院境内时，用车搬运家财共运了十八日，但在源寿寺当门客时却很是败落。即便如此，他富有侠义通晓人情世故，还是有许多奇谈逸事广为流传。在他全盛时期，在吉原挥金如土游玩的故事也广为传播。传说在扬屋町泉屋半四郎身边，除夕撒豆驱邪时他还曾用小金币来代替豆子。川柳子就有“纪伊国屋像扔橘子一样撒金子”。他包购全江户的初鲣在大巴屋料理，使得江户人一条鲣鱼都见不到，也是世间盛传的逸闻。

〔参考书目〕

山东京传：《近世奇迹考》

喜多村信节：《嬉游笑览》

《一话一言》

上山勘太郎：《实传纪伊国屋文左卫门》

《日本生活风俗史》第三章“江户风俗”

〔注　释〕

①　俳画：日本画的一种，亦称俳谐画。由作者于画中自题俳句之类，使句画相辅，相映成趣。——译者注

第12章

近江屋长兵卫

◇ 武田家的创业 ◇

第一代近江屋长兵卫幼名长三郎，宽延三年（1750 年）在大和药井村的武田德兵卫家出生，是家中第二子。宝历五年（1755 年），成为大阪博劳町的棉花商人河内屋武兵卫的养子。宝历十三年，养父过世，他开始为道修町的药材批发商近江屋喜助方做事。安永八年（1779 年）四月，他从近江屋喜之助（主家喜助的同族，长兵卫担任其番头）处继承了药材分销生意的经营权。天明元年（1781 年）六月十二日，他以近江屋长兵卫的商号在道修町堺筋开了家药材批发店，开创了经营日本与中国传统药材的事业。这就是武田家的起源。

虽然长兵卫在安永八年四月就获得了经营权，但他没有马上开店，而是等到天明元年，从道修町三丁目的近江屋喜之助宅，移居到同二丁目堺筋南西角的近江屋喜兵卫租借的房子内，才正式进入同业公会开始独立经营。其创业资金应该是原来的主人资助的，以近江屋为商号，店标使用近江屋统一的“双山环抱”中加一“本”字的标识，称作“双山环本”。

近江屋本家原本是近江日野的出身，曾在到大阪后又回到近江，之后再次进军大阪。基于这样的发家史，他们将去与回的“往山”与“归山”合为一体，做成了“双山环抱”的标识。

天明四年末，店铺结余七贯二百六十文目，长兵卫成功迈出了第一步。到了文化七年（1810 年）以后，利益保持增长。到了文政三年（1820 年），店铺结余将近三百三十贯，为天明四年时的四十七倍。创业初期的资本金假设为两贯目，那实际上是增长了一百六十五倍，作为第一代，可以说是积累了丰厚的家财。他在宽政四年（1792 年）担任同业工会的夏小组行司，文化五年担任春小组行司。可见他们的地位得到了同业者的认可。

近江屋最开始的住处是在道修町二丁目堺筋南西角、近江屋喜兵卫租借来的宅院中，这时候起，他开始考虑到道修町的中心部去发展。正巧宽政九年，道修町二丁目的难波桥筋往西的南侧四轩目奈良屋庄兵卫所有的租借房屋空了出来，他便移居到那里。

◇ 豪放而独具慧眼的第二代 ◇

第二代长兵卫幼名熊三郎，宽政元年八月二十六日出生，是第一代长兵卫的次子。文化二年十月，熊三郎在十七岁时继承家业，袭长兵卫之名。这时第一代隐居，改名为长四郎。

当家后的熊三郎在父亲长四郎的扶持下勤奋发展家业。文化

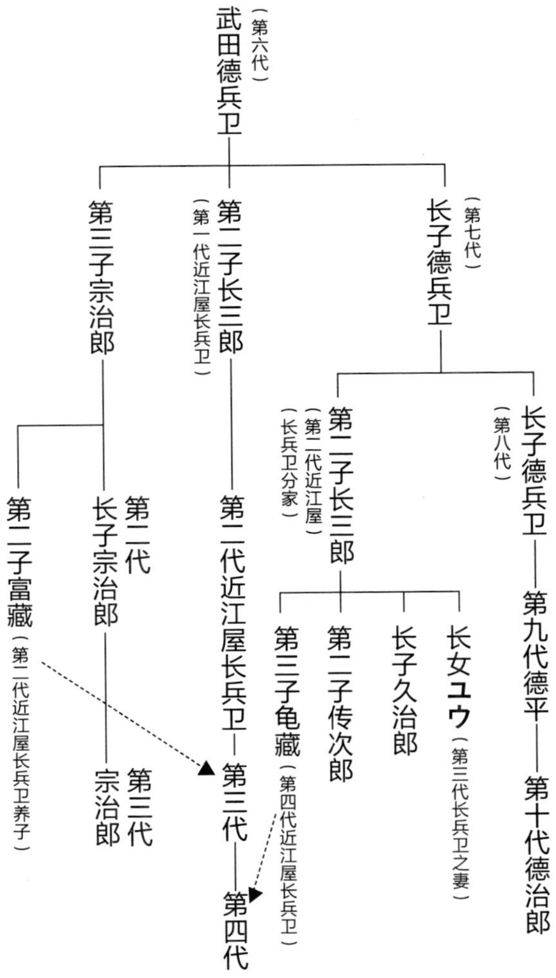
武田德兵卫（第六代）
第三子宗治郎
第二子长三郎（第一代近江屋长兵卫）
长子德兵卫（第七代）
第二子富藏（第二代近江屋长兵卫养子）
长子宗治郎
第二代
宗治郎
第三代
第二代近江屋长兵卫
第三代
第四代
第二子长三郎（第二代近江屋长兵卫分家）
长子德兵卫（第八代）
第三子龟藏（第四代近江屋长兵卫）
第二子传次郎
长子久治郎
长女ユウ（第三代长兵卫之妻）
第九代德平
第十代德治郎

武田家系谱图

四年（四月二十二日改年号）十二月二十一日，搬迁到道修町二丁目中桥筋东南角近江屋藤右卫门租借的宅屋，也就是现在的东区（现中央区）道修町二丁目二十七番地的武田药品工业本社所在地（现在，同社本社搬迁至别处）。文政三年，减去购买宅屋的费用，同年末余下三百七十四贯文目，相比文化二年末第二代长兵卫继承家业时的一百一十贯文目，增长了三倍以上。第二代长兵卫盈利最大时，是文政八年，年末店铺的结余金达到七百零八贯文目。

第一代凭借稳固的经营方法一步步为今后事业发展打下了坚实的基础，第二代行事豪放，独具慧眼，通过预测时势走向来经营事业。近长家的本业原本就是药材的分销，从第二代起也开始经营金融业。家族中留下了很多借用文书，大部分为信用贷款。借贷的对象大多为居住在大阪的人，也有肥前岛原和奥州秋田附近的人，借给这些人的大概是卖出货物后还没回收的赊销金。

此外，他们还间接经营着大名借贷。遗留下来的借用文书中还有筑前福冈的藩主松平肥前守等的分期还款文书。这是在明和三年（1766年），近江屋通过福冈藩官仓的名代肥前屋八郎兵卫，向淡路町一丁目的醋屋治右卫门放贷，十年期限，到安永五年全部收回。但最终醋屋治右卫门没能还清全款，于是次年的安永六年，经过大阪町奉行所的裁决，本金十九贯七百八十一文目余银不带利息需分八十年还清。醋屋治右卫门就是用这份分期还款的文书作为担保向近江屋长兵卫借款的。除此，还有一些类似的例子。

另外，在文化十一年九月，新造一千三百石载重的干德丸以及其诸装备所需的六十贯目中，长兵卫出资三贯目，由此分得这艘回船每次航行时的利润银。

第二代的长兵卫还努力发展租赁事业。他在各地购置房屋，向外租赁店铺、仓库。他还时常担任小组行司，文政二年担任了箱本行司。

◇ 拥有商业信念与统率能力的第三代 ◇

第三代长兵卫最早称富藏（也写成富三），文政八年出生于大和国广濑郡药井村（现在奈良县北葛城郡河合町大字药井）的一个棉花商家中，是武田宗治郎的次子。

宗治郎为第六代武田德兵卫的第三子，第一代近江屋长兵卫的弟弟，在宽政三年分家，独自立武田宗治郎家。文政十一年，他的次子富藏在四岁时继承了堂兄第二代长兵卫家。但他养父在文政十二年的八月过世了，十一月，他继承养父的事业改名长兵卫。因为还年幼，同年四月已分家出去的近江屋长三郎作为监护人，辅佐他经营家业。长三郎死后，友七接替长三郎之位扶持长兵卫。长兵卫一直到三十岁才首次独立持家。第三代长兵卫无论是商业信念，还是分家上的统帅力，都可谓是一流的。

天保九年（1838年），在长三郎监护下的第三代长兵卫十四岁时，根据“订单账簿”，有交易的主顾为秋田地区最多，达到二十六家，百分之九十应该都是医铺。其中秋田藩的“御制汉方”有后藤孙右卫门、安藤传治、村井彦一等，另诸国未分类账表中还可见，阿州、筑州、项州、能州、丰后各一名，江州日野二名。天保十二年，根据同一账簿，新增了上州藤冈的日野屋源兵卫，同州前桥的大津屋八右卫门，羽州秋田的加贺屋喜兵卫等大顾客，势州山田也增加了一家主顾。秋田未分类的账簿中可以看到增加了二十二家新主顾。

天保十六年，根据同账簿，秋田方面六名，长崎二名，大和、播州、高野山、广岛各增加一家。嘉永七年（1854年），根据同账簿，上州、伊予、津轻、能登、名古屋、加贺等地均增加一家到两家新客人，共开发了七家主顾。安政五年增加三家。比起天保九年，秋田有五十四家，诸藩国有三十二家，共有八十六家主顾，二十二年中，秋田方面增加了二十六家，其他地方增加了二十五家新主顾。

◇ 近江的供应商与商品运输 ◇

近江店最重要的顾客都在秋田地区，其中羽后国秋田郡久保田藩（城主佐竹义尧）的制药所名列首位。文化八年，久保田藩在明德馆内设医馆，医馆的制药所年采购量巨大，此处向近江店付款的金额单次超一百五十两（银九贯目）的并不少见。

近江店用船运向秋田地区运送商品，陆运时会使用返回秋田的快运“飞脚便”。各藩的制药所采购的商品需要先运到藩国的官方仓库里。大多时候利用大阪经由濑户内海的航线，抵达下关后进入日本海，在秋田能代等处靠港。有的时候也会先用回船送到江户的藩邸，再从藩邸运送到秋田。还有逆淀川而上抵达伏见，再经陆路大津、米原进入敦贺湾，用回船运送到江户的情况。

近江店将药材运往江户一般是利用回船，特别是菱垣船。由于有这样的背景，第二代长兵卫向多方面发展事业，加入了回船公会。第三代在天保七年也加入了，尽管出资额与第二代的三贯目相比显得微不足道。一艘一千零十七石载重的回船六十贯目的费用中，他只出资九百五文目九分五厘。

原本药材都通过菱垣船运送。但在被称为二十四组“江户积问屋仲间”的药材店铺同业公会中，有一家叫作“住吉讲”的公会掌握了药材回送的实权，近长也加入其中以获取运输上的便利。此外，推测其收益率要比放贷的收益高。然而，近长在安政年（1854—1860 年）初退出了住吉讲。退出公会给药材运送到江户带来诸多不便。究其原因，大概是因为近江屋的大部分主顾都集中在了秋田，退会也是情理之中。

此外，到了第三代，借贷业务似乎完全成为副业。

第二代长兵卫于文政三年三月从近江屋藤右卫门处购得位于道修町二丁目中桥筋东南角处（旧本社本馆所在地）的宅邸，并从嘉永五年四月开始施工建造，十二月十五日入住新居。这栋建筑物在昭和二年（1927 年）被拆，以钢筋混凝土的三层现代建筑取而代之。

◇ 生丝商忠藏与第三代长兵卫 ◇

第一代长兵卫父母家，也就是药井村的武田德兵卫家的西边住着一位叫作武田助左卫门的棉花商。第一代生丝商忠藏，就是从这家棉花商在大阪的分家出生的。第三代的忠藏是大和国戒重村的出身，幼名为荣藏。天保七年，他二十一岁时做了第二代忠藏的养子。第三代忠藏和第四代忠藏都与近江屋长兵卫交好，但均较早就过世了，只留下第二代忠藏，彼时已八十二岁。这位老人对第三代长兵卫的影响极大。

第二代生丝商忠藏总结“和州本家宗贞遗训”，起草了作为“生丝商行事准则”的“规则书”（天保十四年闰九月）。第三代长兵卫景仰这位老人，抄写“规则书”，探究生而为人并且作为一个商人的“正道”。安政三年正月，近江屋长兵卫起笔自己的“约定俗成之事”，结合了“规则书”的信条，使近长家自己的行商之道得以固定成型。近长家流传后世的“十年行俭约之事”的思想恐怕也是这个时期形成的。

◇ 发展新顾客 ◇

当时的经营方式不像现在这样需要四处宣传将生意扩大，挖走其他店的客户从商业道德上也是不允许的。因此，只要不过分做不道德或是损害信用的买卖，自己的顾客便会相当稳定。另外，没有非常特殊的情况，抢走其他店的顾客也很困难。如此，不拒绝顾客的要求，无论何时都注重诚信，勤勤恳恳为客人服务成为发展客户的唯一手段。对顾客发来的消息殷勤问其详，不光是生意交往，若有其他任何变故都支付额外加急费用送达消息去联系客户。

没有中国、荷兰商船或是其他外国商船入港时，若药材行情发生变动，自然是要打探消息。有商船入港时，若比同行早一步探得消息，便可以增加销量。特别是如果有了进口药材的种类数量等信息，早预测出行情变向，很多时候可以赚得额外利润。况且，让自己的顾客比其他店的顾客更快知道消息，对于提高商家信用也很有益，商人们都特别注意。在长崎的告示板上公开药材市价之前，有一种叫作“闻书”的听来的价格情报就已经通知到各处商家，等长崎竞价的正式价格文书一到达大阪，商家马上就通知自己的顾客。

接到顾客的订单时，商家留意行情变动，对当时价格很低以后预测会涨价的商品进行采购送货，高价的商品等待降价时再采购。商家还特别需要注意的是，对于同一商品，要价不能比其他同行销往至同一地区的顾客的要价高。

在长崎，与近长店交易的有入来屋、田原屋、曾根孝等几家药铺。这几家药铺向近长店下单购入汉方药，近长从他们那里采购中国、荷兰的药材。长崎的供应商都用急报来传达“闻书”，看货、卸货、告示、中标等日程的具体情况也都一一通知。这些通知的准确性与时效性都极大影响了买卖状况。

近长采购进口药材，不全是依靠大阪的竞标，也有一部分是向长崎的田原屋和入来屋（做除生丝以外进口商品生意的商人）交付现银而从长崎竞标采购的。

那个时候不像现在货币价值是固定的。金、银的行情每日都在变化，所以就算销售商品获得了些许利润，也可能会因为货币行情而有所损失。为了防止这种情况的发生，买卖商品时无论定了多少银子的价格，在用金币交易时都要以拿到现金时金兑银的换算比率为基准。进口商品的竞价都是以银作为单位的，所以，近长委托田原屋和入来屋投标时提前支付现银避免了这样的麻烦。由于大阪的生意大多以银子来交易，江户等其他地方都是以金子来交易，所以才会有这样的处理方式。

◇“十年行俭约之事”◇

武田家流传的“十年行俭约之事”由五十条构成，大致内容如下：

“禁止出入吴服屋杂货店”。禁酒。不得看戏。服饰从简。“女性饰物必朴素”。“禁止不正当的男女关系”。“一年中的五节禁止准备特产礼物”。“寒暑问候礼要在百文以下”。去大和的伴手礼“不得超过九百文”，“从大和到大阪与此条相同”。节俭谨记于心，亲人远道而来也不得去看戏或去茶馆，顾客来了也不得招待去看戏或去茶馆等。与邻居的交往也制定了基准。关于儿女学习技艺也有规定：男子只能学瑶曲，女子只能学插花。

全文极力强调行事俭朴。前四十六条为第三代所作，后来的条目为第四代长兵卫所追加。

◇ 幕末与第四代长兵卫 ◇

第四代长兵卫幼名是龟藏，弘化元年（1844 年）十二月十九日在道修町二丁目出生，是近江屋长三郎的第三子。

长三郎是大和的第七代武田德兵卫第二子，为第一代长兵卫的养子，之后分家独立。文政十二年四月，他三十岁时加入公会“神农讲”。同年八月，由于本家的第二代长兵卫过世，第三代长兵卫（富藏）尚且年幼，他便被选为监护人扶持第三代，同时自己也在经商。弘化三年二月，他将监护人一位让给友七，家业交给长子久治郎继承，自己隐居到大和的父母家养病。长三郎在弘化三年闰五月九日四十七岁时亡故。

长三郎的第三子龟藏与母亲春二人住在道修町八百町筋本家的租房里，十岁时前往京都二条的药材商松屋喜兵卫处，成为丁稚，开始干活。

然而，本家的第三代长兵卫没有留下后嗣就病死了，妻子优管理生意。优是长三郎的长女，第三代长兵卫之妻，是龟藏的姐姐。大和药井村的武田宗治郎为了统一与近长家相关的分家，推举龟藏作为继承人，将他从松屋召回。于是，十七岁的龟藏成为第四代长兵卫，并依据惯例由监护人扶持管家。

到了第四代，已经是幕末的混乱时期，这种时代背景下想和从前一样经营生意已经十分困难。即便如此，第四代还是开拓了新客户。

安政年开放港口以来，外国药材从横滨与神户流入国内。由长崎入港的药材都有详细记录，由横滨港进口的并没有。在此之前，长崎本地的商人（住在长崎投标的商人，这里指生丝商以外的一般商人）与药材分销业者所拥有的特权没有了。这一点也是药材分销商衰败的原因之一。

另外，虽然幕府在外国的压力下开放了港口，但关于如何调节其他港口与长崎贸易的关系，还没有具体措施，或者说幕府完全没有时间来处理这之间的关系。开港之后，出口商在横滨开店，采购商也聚集到了横滨。原本从长崎运送到大阪，再在大阪分销到诸藩国的货物，现在从横滨进口分销到江户、大阪、堺和其他地方，大阪作为货物分销根据地的位置被横滨取代了。

近江屋长兵卫也开始从横滨进口汉方和西洋药材。现在还留有记录显示，文久二年（1862 年），近长从横滨的商人桂屋喜八处采购了各种中国与西洋的药材。与横滨的商家直接交易，得益于监护人治兵卫的才智，还有曾经在那里实习学习过的松屋（挂屋）喜兵卫的意见。就这样，近长由经营汉方药到涉足西药领域，为顺应新的时代潮流改变了经营方针。

近长早已找到了合理的方法进行核账，至今仍保存下来许多账簿。这些账簿体系完备，可见其家族早就有了合理记账、仔细核对的家风。

◇ 明治的武长 ◇

明治（1868—1912年）以后的近长通过横滨的友田嘉兵卫，采购西药到大阪，并与横滨八十九番贸易处的药品部长，一个叫作布拉韦尔的美国人约定了回扣数目。第四代（第一代武田）长兵卫经历了江户时代，在困难时期守护了家业，恪守节约，勤恳经营，对销售的药材反复考察，踏踏实实做生意。而且，他开始着手进口优质的外国药品，灵活变通，顺应形势激变，奠定了事业传承至今的基础。其间，长子重太郎（第五代长兵卫，前任社长故和敬翁）十六岁就来到店铺，在父亲的督促下与普通店员一起专心致力于发展家业。

当时，在武田有位叫小川安兵卫的人，取得了极好的业绩。这个人热衷和外国商馆的交易，向武田介绍了大贺寿吉这个人物，经过大贺的牵线，近长得以与伦敦一家叫作达夫（W.Duff）的店交易，主要进口工业药品。

明治二十八年，武长将内林制药所作为专属工厂。明治三十七年十二月，第四代长兵卫隐居，改名长四郎，长子重太郎继承家业成为第五代长兵卫，经营武田长兵卫商店。第五代长兵卫继承先人的遗志，在推广销路的同时，也积极推进自家制药的发展，奠定了武田药品工业今日发展隆盛的基础。

〔参考书目〕

《武田百八十年史》

《武田和敬翁回顾谈》

《道修町的八十年》（《经济人》第六卷第三号）

岛道素石：《道修町药祖神祭》（《上方》第十三号）

关根道夫：《关于道修町神农祭施药》（《上方》第三十五号）

锦源兵卫：《道修町》

药业往来社编《道修町》

宫本又次：《大阪商人》《船场》

第13章

奈良屋茂左卫门

◇ 攀比服饰 ◇

前文详述了纪伊国屋文左卫门。与纪文一样可以称作是江户富豪代表的要数奈良屋茂左卫门了，俗称奈良茂。热衷于涉险的商人总是更可能会成为大富豪。纪文就是一例。然而，大富豪的本质却只剩下了万贯家财与奢靡生活，他们都无法逃离感官享乐主义者的宿命。

他们的纪事都十分真实，完全没有不切实际的渲染与加工。大富豪们以奢靡的衣食住行，以及放纵的肉欲作为人生至高无上的荣耀，并都倾向于依靠财力去实现这种荣耀。这样的现实主义，就是从唯利是图的商人们生活中折射出来的人生观。

在江户时代（1603—1867 年），金钱的力量被制约了，只能用于衣、食、住以及性。商人们也是为了尽可能展现出比武士更优越的地位，企图从武士的威压中解放出来，于是用尽金钱给自己一点点慰藉。

但追根溯源，宽宏、奢侈、炫耀都是武士大名的风气，与极尽算计，追逐利益的商人本来的目的背道而驰。被称为大富豪的商人，他们原本也都是专注于生财之道的人。

元禄时期（1688—1704 年），江户富豪石川六兵卫的妻子长途跋涉来到京都，与难波屋十右卫门的妻子攀比服饰。京都的难波屋十右卫门之妻，身穿绯色缎子并绣有京城风景的小袖。六兵卫之妻身穿黑色纺绸带有南天竹纹样的小袖，故作优雅地在城内四处走动。城里的人看见了都认为十右卫门之妻远比六兵卫之妻奢华大气，赞赏不已。但仔细一看，六兵卫之妻服饰上南天竹的果实却是一颗一颗精心缝上的珊瑚珠，讲究穿着的京都人也不禁惊叹起这样的富贵豪华。

天和元年（1681 年）五月，江户浅草黑船町（另说小舟町）的富商石川六兵卫的妻子，借用了下谷广小路处熟人的门店，挂上黄金做的门帘，盛装打扮，观看将军去上野参拜的行列。因言谈举止不符合町人身份而使家族受到牵连，被罚以没收土地。

这样的僭越之事还有很多。宝永年间（1704—1711 年），江户大传马町丸屋某人在家焚烧名贵的沉香。正巧将军一行从门前通过，闻到此香停下脚步，追查房主过分的奢侈举止，将其家财充公，家族罚以流放之刑。这个房主就是歌谣“海上看见的是丸屋的船吗,可以看见圈中有也字的船帆”中歌唱的富豪。享保（1716—1736 年）初期，以中村内藏助为首的豪商四人亦被贬为平民。

元禄时期，江户町人的代表大体都是御用商人。他们与负责幕府会计职能的官员暗中勾结，攫取巨额利润。将军在政治方面失去人心，已然成了一个摆设，掌管财政的官员们滥用职权，常安排自己的心腹管事。

幕府府库里保管的几千万两公款就这样在短短的三十年里所剩无几。这些钱财全都经由御用商人流向了町人阶层。此举在元禄时期达到了顶峰。

御用商人之中，又要数金银座的商人以及木材商攫取暴利最肆无忌惮。值得一提的是，纪文和奈良茂，都为木材商人。

◇ 暴发户第四代奈良茂 ◇

关于纪文、奈良茂的真实身份，在坊间传闻中被渲染加工，已经无法辨其真伪了。以前只在《江户真砂六十帖》这本书中有过记载。经济史学家竹内诚氏，基于以下两份史料发表了新的研究（《日本中世史研究》季刊一），即奈良屋茂左卫门家的遗言状的史料（《神田家文书》），以及与奈良茂有过交易的神户屋分左卫门的相关史料（《神户家文书》）。根据竹内诚氏的新研究内容，以及《江户真砂六十帖》和三田村鸢鱼氏以前的研究内容，大致可以概括如下：

没有任何出身背景，在短时间内成为富豪是在奈良茂的第四代，将财富挥霍一空的是第五代。

根据《江户真砂六十帖》的记载，“灵岸岛上有个叫作奈良屋茂左卫门的御用木材商人，为大分限者。茂左卫门的父母借了一个木材商的里屋，为木材商干搬运的活计，生下男子叫茂松，到了十二三岁时，不似父母，与生俱来的性格干脆利索，刚毅，字迹清秀”。可知其第四代父辈还是在过着贫困的生活。虽然在《宗旨证文附言》中说他“原本为富裕家族”，但此书是在第四代成功之后才编撰而成的，有夸张的成分，书中特意写到第一代、第二代大概也是在第四代家运隆盛以后，才给奈良茂强加上了名门背景。

第四代幼名为茂松（还有说法是兵助），他在一家名为宇野的木材商处作为手代干活。可能是因为父母为搬运工，搬运木材才得来的机缘。在宇野的店里做事后不久，他凭借聪明才智，二十八岁时独立门户，开始卖一些圆木以及竹子等。

明历至元禄年间，正值城下町快速发展期，每年都有一些地方发生火灾。因此，木材商人都生意兴隆。明历大火之后，万治元年（1658 年）、万治三年、宽文元年（1661 年）、宽文八年，江户接连发生大火灾。木材的需求量很大。

幕府的财政大权紧握在勘定奉行荻原重秀之手，御用商人轻易就能有可乘之机。幕府的支出中有很大一部分用于土木工程建设，特别是纲吉在上野建根本中堂，在三之丸为生母建桂昌院，在五之丸、北之丸等建侍妾的居所，为前所未有的暴政“生类怜悯令”的提倡者隆光建造护持院，还在中野用五十三万平方的地界设犬小屋。建设工程一个接着一个，元禄以前都是直接由幕府官员经办，从这时起全被町人承包。所以，这个时期的木材商生意很好做。

◇ 柏木传右卫门 ◇

奈良茂创业的第三年，也就是天和三年五月，日光发生大地震，东照宫震塌了。于是，幕府为购买修缮用的木材招标，江户热闹非凡。三田村鸢鱼氏认为奈良茂是在他二十三岁，就是元禄三年，开了卖圆木竹子的店，并改名为源七，而日光的大火则是在元禄元年，所以奈良茂提供了修缮用的柏木。此处不明。本书采用《江户真砂六十帖》中记载的二十八岁开店说。

东照宫的修缮使用了大量柏木。那时，茅场町有个叫柏木传右卫门开的木曾柏木分销店。若无此家的柏木，则完全不够修缮的用量。所以，想要竞标的商人们无论谁都要先向这家询价。

不管怎样，能供应如此大量柏木的只有柏木传右卫门一家，因此价格水涨船高。但奈良茂却事先没有与柏木商量，直接以一般行情的价格中标了。以“如此便宜的价格”投标后，奈良茂马上受命去调来御用木材。次日，奈良茂穿上稍正式的衣服

第一代 圣安院（茂左卫门胜义） 正保二年亡故

第二代 净体院（△胜美） 贞享元年亡故

第三代 厌生院（△逢胜） 元禄十年亡故

第四代 还到院（△丰胜后改名安休） 正德四年亡故

第五代 到岸院（△广璘后改名安知） 享保十年亡故

（分支） 滋眼院（安左卫门胜屋） 明和三年亡故

第六代 净国院（源七始彭之后改名宗休） 宽政三年亡故

第七代 寂照院（源七） 文政八年亡故

第八代 净正院 明治十年亡故

第九代 凉正院 大正元年亡故

奈良屋系谱图

来到柏木家，请求道："此次幕府命我购入日光御用木材，在当地只找到您的店里有卖，价格相差太多，还请调整价格。"然而，柏木家的手代不识奈良茂的阴谋，连寒暄都没有，非常冷淡地回话，"柏木材的话，目前没有运来这么多"，"这个要求很难接受"。奈良茂极力请求，手代毫不搭理。由于早就料想到会是这样的结果，奈良茂就若无其事地回去了，第二日，他向町奉行所上交申请书。

"本次日光修复所需的木材，全被柏木传右卫门一人购下。想要投标的商人皆向柏木询价，因其垄断，实为高价。即便如此，我还是以江户的一般市价投标。因为价格低廉得以中标。于是，我立刻以正常价格向柏木求购木材，柏木家回答'没有需要的大量木材'。我知在深川木场有足够多的木材，但柏木却拒绝提供御用木材。影响了工程顺利进行。请召柏木问其详，并命令其将木材卖与我。"

町奉行马上召见了柏木问清原委，柏木仍旧答"没有所需要的那么多木材"。于是奉行命令柏木"将现有的所有木材全部交给茂左卫门"，奈良茂前往深川谈判，柏木的手代极不情愿地只交给他两三根木头。奈良茂勃然大怒，但还是没有得到木材。

于是，他又前往町奉行处，控诉柏木只给了一点木材，请町奉行传唤柏木的手代支配人与自己交涉。后来虽然交涉成功了，柏木的手代仍旧以“没有运木材的船进港”断然拒绝提供木材。

奈良茂便委托幕府官员“请与我同去看一下”，然后领路。他带着官员马上赶赴深川。因为他从前就很熟悉这木场，所以马上找到了柏木材，柏木家还未来得及将木材藏起来。奈良茂在木场仔细考察，盖上幕府的证明印，存到各处，然后上报官员。得到的木材比幕府所需的量还要多得多。奈良茂将此事告知町奉行后，引得幕府勃然大怒，严责柏木家，将传右卫门与手代三人发配入狱。

柏木家在已经说了没有木材之后，事到如今也不可能改口。奈良茂不管三七二十一，从柏木家不断运出木材送到幕府，通过这个生意大赚一笔。修缮工程结束后，居然还剩下了价值两万两的木材。奈良茂赚了大钱，柏木家却因此被毁掉了。

◇ 奈良茂的商运 ◇

奈良茂对付柏木家的手段阴险恶毒。凭借这样的手段，即便在当时的社会形势下，他仍旧商运亨通，愈发隆盛。元禄时期，上野根本中堂之外还有其他工程，幕府将木材的采伐委托给商人。江户的纪伊国屋、大冈屋、冬木屋等承接了这些工程，奈良屋也承担了一部分任务。

元禄六年二月，奈良茂与木材商神户彦七郎一起，向幕府申请飞弹御用林的采伐以及江户猿江木材仓库的建造工程。当时，奈良茂处于飞弹和木曾木材采伐商的首领地位。他与名古屋的神户屋分左卫门做了大量交易，从这一点推测，奈良屋将生意也发展到了飞弹地区。而且他应该是对幕府依附度很高的特权商人，还得到幕府允许可以使用“神田”这个姓。

不久，宝永二年的九月，近江屋五郎兵卫向尾张藩申请汤船泽山御用木材的垄断采伐权，终成为“代理中间商”，介于从中调节的位置，想必手握重权。

刚才提到受奈良茂所害的柏木传右卫门，因为违背幕府命令被流放到豆州新岛，手代们被发配到三宅岛、神津岛，家财全部被没收。七年之后，柏木被免罪归来。传闻他看到奈良茂身居高位而家业繁盛，于是心中嫉恨，始终吃不下饭，十八九日后便逝去了。茂左卫门拿到了日光修缮工程中所用木材花费的金子，也不知给谁，自然据为己有。奈良屋财运越来越好，渐渐再无可以与之匹敌之人。他五十六岁时出家，称为安休。

奈良屋还为尾州家通融资金。其间提出了如下条件，“借款可分百年偿还。作为交换，这百年间，请不要让他人买卖木曾的木材”，可谓是老谋深算。

◇ 接下来的大富豪会是谁呢 ◇

不过，世间的形势终于转变了。由于过度采伐，大概从宽文时期（1661—1673 年）起，山林荒芜，不进深山已经砍伐不到优质的木材了，价格随之上涨。加上土仓与防火建筑越来越发达，城内的火灾也渐渐少了，经营木材不再是一本万利的行业。何止不是一本万利，连不亏本都难以保障了。

有名的木材商停止经营，转向其他行业。纪伊国屋如此，犬山屋（神户屋分左卫门家）也是如此。奈良茂也在这时中止了木材生意。他的遗言状中写着“无论发生什么都不可从商”的遗嘱，应该是在此之前就已经停止生意买卖了。

他以做木材生意积累的钱财在江户城中四处购置房屋与土地，成为“歇业的商家”，靠着店租、地租的收入生活。奈良茂在江户深川墨江町有另一处居所，世人给那里取了个别名叫作“谋略御所”，大概是因为奈良茂在此处“谋略”以图策划其生意买卖吧。

奈良茂想将自己的名字流传于后世，于是在元禄十四年收购茂森町，改成商家聚集的町屋。茂森町的名字确实留了下来，《江户真砂六十帖》中记：“（奈良茂）六十岁时生病，接受了各种治疗，他的病状是进食时无法咽下去，痛苦挣扎着死去了。这与柏木死前的症状相同，世人皆说是因果报应。后葬于深川灵严寺。茂左卫门有两个儿子，听闻他留下了家宅房屋与金子四十万两。”但根据竹内诚氏基于史实的研究，奈良茂留下的遗产高达十三万二千五百三十余两。这就是“事实”与“传闻”的差距。

不仅如此，“大尽舞”[①]词中描写纪文，“下一位富豪止于奈良茂”，将奈良茂置于江户町人的最高地位。从前文所描述的他的行为中也可看出，他本就是精明之人，即便在行乐上挥霍钱财，也一定有他挥霍的道理，或许就是身为政治商人的社交活动。

奈良茂于正德四年六月十三日过世，在生前写好了遗言状，交代诸多后事。其中有像“不得从事与幕府有关的买卖”，或者“开店铺一点点经营买卖方能长久”的内容，令人感到些许意外（《神田家文书》）。

博多商人岛井宗室在“遗训十七条”里显示出极其小心谨慎的态度，越后屋创始人三井高利虽然自己经营大名借贷业务盈利颇丰，却在家训中严禁后代从事大名借贷。奈良茂的遗训状也与此相似，矛盾的训诫背后所包含的意义值得深思。

◇ 照亮夜空一瞬的花火 ◇

第四代的两个孩子中，兄长成为第五代的奈良茂。此人耽于享乐，他不光出入于吉原，还经常去京都、大阪的花街柳巷一掷千金。但分家的弟弟安左卫门，最开始是将节俭谨记于心，踏实规矩之人。后来却丧失理智，挥金如土地游玩。家运渐渐败落，到了第六代一直在走下坡路。

第六代时，延享元年（1744 年），幕府抬高米价。但幕府在强制江户、大阪的町人购米时，第六代也受命买米四千石，由此可知那时的第六代还是一流的商人。宽政四年，江户町会所成立时，第七代受到推举，“身份地位以及处世能力都相适宜”，在文化至天保年间（1804—1844 年）担任了江户町会所每年轮换的年番，持续担任至明治时期，也算勉强维持住了体面。据说其子孙直到大正时期都在千住做着当铺的生意。

歇业后，奈良茂的家宅和租借的房子都在火灾中烧毁了，已经无法再保持住元禄时期的御用商人身份。不断有与新权势勾结而获得特权的新型商人阶层产生，曾与元禄时期势力相勾结的特权商人被时代淘汰。第四代在近代商业史上随波逐流。竹内诚氏还这样形容过第四代奈良茂，“虽然他在社会新建期蛮横发展，但另一方面也像照亮夜空一瞬的花火，闪耀在以元禄时期社会为背景的夜空之中，他所立足的经济基本盘就是如此的脆弱”。

◇ 梦醒之后 ◇

正德四年过世的第四代，享保十年过世的第五代，都是挥霍享乐之人，所以历史上经常将其混淆。但奢靡行事能比得上纪文的还要数第四代。纪文挥霍钱财还透着些暴发户之风，奈良茂却显示出了高雅的品位。为奈良茂捧场的不仅有画师英一蝶，还有民部、角蝶、小四郎、岚喜代三等。

关于奈良茂还有段趣事。追随奈良茂的二朱判吉兵卫门，叫醒在妓院玩累后睡着了的奈良茂。奈良茂说给你十两让我睡吧，他未同意，奈良茂又说那么给你二十两，他也没有同意，于是奈良茂加到三十两，他才终于答应让奈良茂睡去（《洞房语园异本考典》）。还有传说奈良茂买断了吉原附近的荞麦，并送了两人份给友人。此逸闻与纪文买断初鲣的故事恰好配成一对。

纪文在吉原曾为三浦屋的游女几帐一掷千金。但在“大尽舞”中与纪文争夺几帐的缎子的大尽究竟为何人还是不明，有说是大阪新町妓院主人的茨木屋幸斋，也有说是模仿奈良茂捏造出来的事。最终，为吉原首屈一指的美女几帐赎身的原本是纪文，奈良茂好像也是竞争者之一。时常去吉原角町中万字屋，与玉菊一起豪饮的是第五代奈良茂。玉菊因饮酒过量在享保十一年三月二十九日，二十五岁时就过世了。

第五代奈良茂散尽千金极力想医好玉菊，终究还是失败了。

据说，他于次年七月首次在吉原点了“玉菊灯”。《江户节根元集》《江户真砂六十帖》中记，第五代奈良茂在玉菊死后还活着，却没有为其做佛事。但《神田家系图》中却记载，第五代奈良茂在享保十年九月三日，三十二岁时，先于玉菊过世了。

流传下来的传说相互混淆已经难辨真伪。即便如此，还是可以确定“大尽舞”中的奈良茂是第四代，与玉菊有过风流事的是奈良茂的第五代。

纪文与奈良茂，关于他们挥霍金钱的传说与随笔倒是有许多，但关于他们的“生财之道”的情节或故事却很鲜见。

〔参考书目〕

竹内诚：《奈良屋茂左卫门的研究》（《日本中世史研究》季刊一）

《江户真砂六十帖》

《神田家文书》

中田易直：《商人的经济生活》（《日本生活风俗史》第三章“江户风俗——町人的生活”）

宫本又次：《大财主》（《日本生活风俗史》第三章“江户风俗——町人的生活”）

〔注　释〕

① 大尽舞：江户中期至末期在吉原流行的一种伴奏歌舞。描绘了纪伊国屋文左卫门豪华奢侈的生活。

本书以一九七〇年日本经济新闻社出版的《豪商——日本的町人》（日经新书）为原本，参照《宫本又次著作集》（第七卷）重新编辑而成。